즉각적 훈육

"지혜로운 부모들은 아이의 문제 행동에 즉시 개입한다"

즉각적 훈육

| 오쿠다 켄지 지음 | 정연숙 옮김 |

시그니처
SIGNATURE

훈육이 달라지면 아이의 행동도 달라진다

엄마 : 이제 실컷 놀았으니까 장난감 제자리에 정리해!

아이 : 알았어요.

엄마 : 알았다고 한 게 벌써 몇 번째야! 빨리 장난감 정리 안 할 거야?

아이 : 이제 할 거예요!

엄마 : 저녁 먹기 전까지 모두 정리하기로 약속했지?

아이 : 조금 있다가 할 거라고요!

엄마 : 또, 또! 또 조금 있다가야? 도대체 조금 있다가 언제?

어딘가 익숙한 일상의 모습인가요? 조금 전에도 이와 비슷한 상황에서 아이와 한바탕 실랑이를 했다고요?

아마도 그럴 겁니다. 장난감 정리 대신 여기저기 벗어놓은 옷을 옷장에 걸어두라는 것이었거나 이제 스마트폰은 그만 들여다보라는 것이었는지는 몰라도 대화의 흐름이 크게 다르지 않았을 게 분명합니다. 그러나 아무리 잔소리를 해도 아이는 꿈쩍도 하지 않았겠지요. 갑자기 귀라도 먹었는지 아예 들은 척도 하지 않았을 수도 있습니다. 아이와의 기 싸움에 밀리면 안 된다,

나쁜 행동은 습관이 되기 전에 바로잡아야 한다는 생각에 때로는 좀 심하다 싶을 정도로 야단을 쳐보기도 했을 겁니다. 그래봐야 그 순간뿐이었겠지요. 잠시 효과가 있나 싶다가도 이내 똑같은 실랑이가 반복되었겠지요.

한 살 한 살 나이를 먹을수록 좋은 습관을 갖기는커녕 점점 더 말을 듣지 않는 아이에게 부모는 실망을 합니다. 그러다 보니 육아 스트레스는 점점 심해지고, 그 스트레스를 어쩌지 못해 버럭 화를 내고 맙니다. 내 말을 들어주지 않는 아이에게도 화가 나고, 그런 아이에게 화를 내는 내 모습에도 화가 납니다. 부모로서 감정 하나 컨트롤하지 못하는 자기 자신에게 크게 실망을 합니다. 아이를 잘 키우는 것은 둘째 치고라도 육아 그 자체에 자신을 잃고 맙니다. 점점 더 좋은 부모가 될 자신이 없어집니다.

저마다 차이는 있겠지만 지금 이 순간에도 수많은 부모들이 위와 같은 악순환을 반복하고 있을 것입니다. 눈에 거슬리는 행동이나 나쁜 습관을 바로잡아주고, 제 할 일은 어느 정도 스스로 할 줄 아는 아이로 키우고 싶지만 그 방법을 도무지 알 수가 없습니다. 지금 여러분은 어떠십니까?

우리 아이도 바뀔 수 있을까요?

저는 20여 년 넘게 부모와 아이들을 상담해온 응용행동분석학자이자 심리임상가입니다. '죽어도 부모의 말을 듣지 않는 아이들'의 행동을 관찰, 분석해 그 이면에 감춰진 다양한 원인을 찾아내어 올바른 방향으로 아이를 변화시키는 일을 해왔고, 그일에 관해 꽤 자신도 있습니다.

지금도 매일 대학의 상담실, 클리닉, 학교, 일반 가정 등 다양한 장소에서 여러분과 같은 고민을 하고 있는 수많은 부모님들을 직접 만나고 상담합니다. 상담 때마다 부모님들이 공통적으로 던지는 질문이 있습니다.

"도대체 우리 아이는 왜 이럴까요?"

그리고 이어지는 질문 또한 대체로 공통적입니다.

"우리 아이도 바뀔 수 있을까요?"

"어떻게 하면 아이의 나쁜 습관이나 거슬리는 행동을 즉각적으로 고칠 수 있을까요?"

이 3가지 질문에 대해 단도직입적으로 말씀드리겠습니다. 이답변이 바로 '즉각적 훈육'의 핵심 내용입니다.

Q. 도대체 우리 아이는 왜 이럴까요?

A. 지금까지 부모님의 훈육 방식에 문제가 있기 때문입니다.

아이가 도무지 말을 듣지 않는다면, 귀가 따갑도록 잔소리를 하고 눈물이 쏙 빠지도록 야단을 쳐도 아이의 나쁜 습관이나 거슬리는 행동에 아무런 변화가 없다면 지금까지 부모님의 양육 태도와 훈육 방식을 되돌아 봐야 합니다. 대부분의 문제는 아이에게 있는 것이 아니라 훈육에 대한 부모의 태도와 방식에 있습니다. 섣불리 아이 자체를 문제로 여기는 실수는 범하지 않기를 바랍니다.

Q. 우리 아이도 바뀔 수 있을까요?

A. 물론입니다. 부모의 태도와 방식이 바뀐다면 아이도 분명 바뀝니다.

훈육이 달라진다면 아이의 행동 패턴도 달라집니다. 가령 아이가 폭력성을 보인다고 해도 부모는 어떠한 상황에서도 폭력을 써서는 안 됩니다. 폭력으로 아이의 폭력성을 바로 잡겠다는 생각은 지금 당장 버리십시오. 아이를 훈육할 때 가장 위험한 사고는 바로 '눈에는 눈, 이에는 이'입니다. '눈에는 눈, 이에는 이'는 훈육이 아니라 보복일 뿐입니다. 폭력을 폭력으로 맞서는 것 또한 보복에 지나지 않습니다. 보복 역시 또 하나의 폭력입니다.

부모의 폭력은 어떤 경우에도 절대적으로 금물입니다. 아이를 엄하게 훈육한다는 명목으로 아직도 체벌을 하는 부모들이 꽤 있습니다. 그러나 단언컨대 체벌은 아이의 행동을 근본적으로 바꾸지 못합니다. 잠시 효과가 나타날 수는 있지만 의학적으로 말하자면 대증요법과 비슷합니다. 근본적 치료가 아니기 때문에 잠시 그 증상을 잠재워줄 뿐입니다.

Q. 어떻게 하면 아이의 나쁜 습관이나 거슬리는 행동을 즉각적으로 고칠 수 있을까요?"

A. 아이의 행동에 즉각적으로 영향을 미칠 수 있는 즉각적 훈육을 지금 당장 시작하십시오.

즉각적 훈육이란 아이에게 즉각적인 영향을 미쳐 즉각적인 행동 변화를 이끌어낼 수 있는 훈육의 한 방식을 말합니다. 이 대목에서 아마도 많은 부모님들의 귀가 솔깃할 겁니다. 아이의 즉각적 변화야말로 이 세상 모든 부모가 꿈에도 바라던 것 아니겠습니까!

그러나 이내 또 하나의 질문이 떠오를 것입니다.

"즉각적 훈육을 하려면 도대체 어떻게 해야 하나요?"

이제부터는 여러분의 질문에 구체적인 답변을 하도록 하겠습니다. 그런데 지금부터 제가 하는 답은 단지 책에서 말하고 있는 교육 또는 심리학 이론이 아니라는 사실을 기억해주십시오. 앞에서 말씀드렸던 것처럼 저는 행동분석학자이며 임상가입니다. 실제로 수많은 아이들의 행동 패턴을 분석한 결과와 현장에서의 임상 경험에 기반해 답을 하게 될 것이라는 의미입니다.

백 마디 잔소리보다 단 한 번의 단호한 행동!

즉각적 훈육은 부모가 백 번의 잔소리보다는 강력한 행동 하나로 아이의 좋지 않은 행동을 즉각적으로 바로 잡는 훈육의 방식입니다.

아이가 길에서 위험한 행동을 할 때, 공공장소에서 타인의 눈살을 찌푸리게 하는 행동을 할 때, 등교 거부를 할 때 등등 부모로서 잔소리를 할 수밖에 없는 순간은 너무도 많습니다. 그때마다 지적을 하지만 아이는 이내 같은 행동을 반복합니다. 잔소리는 아무리 많이, 또 자주, 그리고 심하게 해도 크게 소용이 없다는 증거입니다.

잔소리 대신 단호하고 강력한 부모의 행동, 예를 들어 아이의 위험한 행동을 힘으로 제지한다거나 공공장소에서 눈에 거슬리는 행동을 했을 때는 곧장 아무도 없는 제3의 장소로 데리고 와 버린다거나 하는 행동을 보여준다면 그 자체가 훈육이 됩니다. 이때 부모의 강력한 행동은 아이가 좋지 않은 행동을 보인 즉시 행해져야 합니다.

여러 가지 상황으로 인해, 예를 들어 모처럼 지인들과 함께 외식을 하던 중이라서, 혹은 다른 사람의 이목 때문에 부모가 훈육, 즉 행동의 시점을 뒤로 미루면 안 됩니다. 아이는 다행히 위기를 모면했다고 생각하고, 다음에도 위기를 모면할 수 있는 기회만을 호시탐탐 엿보게 될 것이기 때문입니다. 즉각적 훈육은 '이따가' 집에 가서 혼내주지 않고, 지금 당장 강력한 행동으로 그 즉시 본보기를 보여줍니다.

이러한 상황이 반복되면 아이는 자신의 행동 뒤에 부모의 어떤 행동이 뒤따를 것인지를 자연스럽게 학습하게 되고, 이를 통해 문제 행동이 바로잡히게 됩니다. 즉각적 훈육의 효과가 발생하는 것입니다.

등교 거부의 경우에도 마찬가지입니다. 학교(또는 유치원)에 가지 않겠다고 어깃장을 놓는 아이에게 학교에 가야만 하는 당위를 설명하는 것보다 무의미한 잔소리는 없습니다. 아이가 학교에 가지 않겠다고 고집을 피울 때는 사실 그럴 만한 이유가 있습니다. 학교에 가면 자신이 가장 싫어하는 일 또는 성가신 일을 해야만 하기 때문입니다.

해결책은 아이가 학교에 가지 않고 집에 있더라도 그 일을 반드시 하도록 하는 겁니다. 학교 수업 시간 동안은 집에서도 자기 방 책상 앞에 앉아 있도록 하고, 거실로 나와 빈둥댄다거나 외출이나 외식 등 특별한 이벤트는 절대 허용하지 않도록 합니다. 학교 수업이 오후 2시에 끝난다면 그 시간까지 자기 방 책상 앞에 앉아있도록 해야 합니다. 공부를 하지 않더라도 스마트폰을 본다거나 텔레비전을 보게 해서는 안 됩니다. 아이는 학교에 가지 않아도 별반 달라지지 않는 상황에 크게 실망을 할 것이고, 더 이상 등교 거부를 통해 얻을 수 있는 것이 없음을 깨닫게 됩니다. 얻을 게 없는 일을 하기 위해 진을 뺄 아이는 없습니다. 부모가 생각하는 것보다 아이들은 영특합니다.

그러나 부모의 강력한 행동이 보복이 되어서는 절대 안 됩니다. 또 아이에게 보복처럼 보여서도 안 됩니다. 그러려면 부모는 최대한 평정심을 유지해야 합니다. 훈육은 화를 내는 것이 아닙니다. 화가 났다면 그것은 이미 감정 폭발일 뿐입니다.

감정이 폭발하지 않도록 하기 위해서는 사소한 일에 일희일비(一喜一悲)하지 않아야 합니다. 아이가 하루쯤 학교에 가지 않는다고, 아이가 한두 끼쯤 밥을 먹지 않는다고 큰일 나지 않습니다. 아이는 앞으로 오늘 하루보다 수천 배 더 많은 날 학교에 가게 될 것이며, 오늘 한두 끼보다 수만 배, 수십만 배 더 많은 끼니를 먹게 될 것입니다. 오늘 하루쯤 결석하는 것, 또는 오늘 하루쯤 밥을 굶는 것보다 중요한 것은 오늘 이후 아이의 행동이 변하느냐 변하지 않느냐 하는 것입니다.

그렇다고 협박이 되어서도 안 될 것입니다. 아이가 불필요한 공포심을 갖도록 한다거나 아이의 잘못된 행동에 비해 가혹한 벌을 주겠다고 으름장을 놓아서도 안 됩니다.

"자꾸 이렇게 말을 안 들으면 엄마는 콱 죽어버릴 거야!"

"어지럽히기만 하고 정리 정돈을 안 하면 네가 좋아하는 변신 로봇을 다 내다버릴 거야!"

이런 식의 협박과 으름장은 그저 공허한 말일 뿐입니다. 현실적으로 절대 실현될 수 없는 일이기 때문이지요. 부모의 말이 그저 말일 뿐이라는 것을 아이가 알게 된다면 그 다음 행동은 뻔합니다. 아이는 더 이상 부모의 말을 두려워 하지 않게 될 것입니다. 행동이 변하지 않는 것은 당연합니다.

보복이나 협박보다 더 나쁜 것은 거래입니다. 아이의 행동이 즉각적으로 변하기를 바란다면 아이와 그 어떤 거래도 해서는 안 됩니다.

방안을 정돈하면, 학교에 가면, 말을 잘 들으면 아이가 원하는 무엇을 해준다는 식의 약속은 하지 마십시오. 대신 방안을 어지럽히고 정돈하지 않으면, 학교에 가지 않으면, 말을 잘 듣지 않으면 어떤 성가신 상황이 벌어지는지, 어떤 귀찮고 하기 싫은 일을 해야만 하는지 아이가 곧바로 경험하도록 해주십시오. 이는 훈육에 있어 규칙이자 원칙이어야 합니다. 그 규칙과 원칙에 따라 성가신 상황을 경험하고, 귀찮고 하기 싫은 일을 하고 나면 아이의 행동은 반드시 변하게 되어 있습니다.

상황에 따라 변하는 규칙과 원칙이라면 차라리 없는 게 낫다

이때 중요한 것은 한번 정한 규칙과 원칙은 무슨 일이 있어도 지켜야 한다는 것입니다. 특히 아이가 잘못된 행동을 했을 때 경험하게 될 일에 대한 규칙과 원칙만큼은 절대 불변이어야 합니다. 지키지 못할 규칙과 원칙이라면 차라리 처음부터 없는 게 낫

습니다. 그때 그때 상황에 따라 변하는 부모의 훈육 규칙과 원칙
은 아이를 변덕스러운 성격으로 만들 뿐입니다.

아이의 행동이 변했다면, 그때는 충분한 칭찬을 해주십시오.
칭찬은 지나칠 정도로 해도 절대 지나치지 않습니다. 때로는 아
이가 평소 원하던 것을 해줌으로써 깜짝 선물을 주는 것도 효과
적입니다. 그러나 상은 어디까지나 부모의 재량으로 베푸는 것
이지 아이가 요구할 수 있는 것은 아니라는 점을 명확히 하십시
오. 아이의 마음을 잘 헤아리는 부모, 아이와 충분히 대화하는
부모가 되기 위해 아이의 말과 요구에 일일이 대응할 필요는 없
습니다.

저는 단언컨대 부모님들이 직면하고 있는 이런 문제를 해결
할 수 있는 길이 있다고 믿습니다. 그것도 잔소리, 큰소리, 짜증
을 내지 않고 아이를 즉각적으로 변화시키는 방법 말입니다.

물론 아이를 키우는 것은, 그것도 잘 키우는 것은 쉬운 일이
아닙니다. 정리정돈을 못하는 것도, 양치질하는 습관이 붙지 않
는 것도, 게임 시간을 지키지 못하는 것도 부모로서는 골치 아픈
일입니다. 하지만 그것들은 전부 아이가 변할 수 있는 기회이자
도전입니다. 아이에겐 어려운 일이기에 작은 변화를 보이는 것
만으로도 큰 성취라고 할 수 있습니다. 이때 엄마가 듬뿍 칭찬을
해준다면 한 번의 변화된 행동이 좋은 습관으로 자리잡게 될 것
입니다.

마지막으로 당부합니다.

아이가 엄마의 말을 듣지 않아 화가 난다면 일단 잠시 멈춰보세요. 아이 스스로 변화할 수 있다는 긍정의 힘을 믿고, 즉각적 훈육의 올바른 방법을 끈질기게 사용한다면 어느새 좋은 습관이 몸에 배어 있는 아이를 발견하게 될 것입니다.

"우리 아이가 정말 변했구나!" 그렇게 실감할 수 있는 날이 반드시 옵니다. 그래서 엄마가 아무것도 시키지 않아도 스스로 생각하고, 움직여서, 제힘으로 성취할 수 있는 아이가 되어 엄마 입에서 '어머!' 하는 소리가 나오게 될 날이 반드시 옵니다. 그날은 사실 엄마 자신도 놀라울 정도로 변화했다고 말할 수 있는 때라는 것을 깨닫게 될 것입니다.

아사마 산기슭에서
오쿠다 켄지

Contents

이것만은 기억하자!
'즉각적 훈육'의 6가지 원칙

---- 원칙 1 ----

백 마디 말보다는 한 번의 직접적인 행동이 필요하다.
아이의 잘못된 행동에 즉시 개입한다.

---- 원칙 2 ----

아이가 잘못된 행동을 할 때는 아이가 가장 귀찮아 하고
성가시게 생각하는 일을 시킨다.

---- 원칙 3 ----

절대 화를 내선 안 된다.
아이의 잘못된 행동은 구체적으로 지적하고,
원하는 변화의 방향을 분명하게 제시한다.

---- 원칙 4 ----

훈육의 규칙과 원칙은 어떤 상황에서도
반드시 지켜야 한다.

---- 원칙 5 ----

아이의 행동이 변했다면 칭찬은
지나칠 정도로 충분히 한다.

---- 원칙 6 ----

반드시 변할 수 있다.
아이 안에 내재한 긍정의 힘을 끝까지 믿는다.

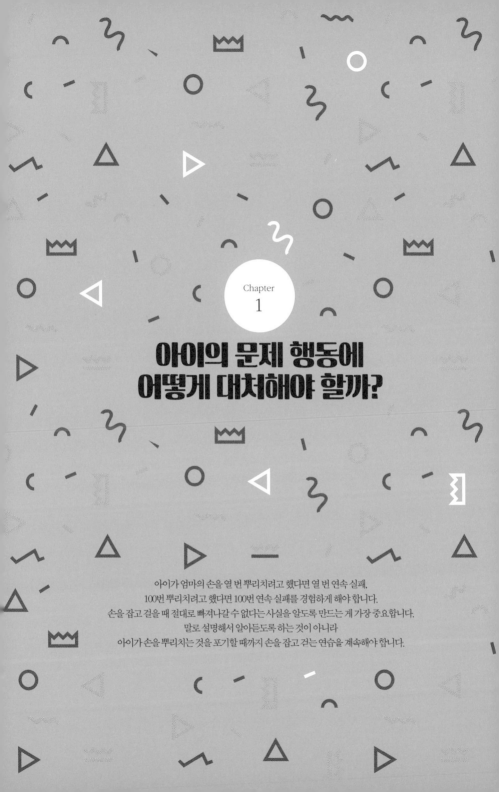

Chapter
1

아이의 문제 행동에
어떻게 대처해야 할까?

아이가 엄마의 손을 열 번 뿌리치려고 했다면 열 번 연속 실패,
100번 뿌리치려고 했다면 100번 연속 실패를 경험하게 해야 합니다.
손을 잡고 걸을 때 절대로 빠져나갈 수 없다는 사실을 알도록 만드는 게 가장 중요합니다.
말로 설명해서 알아듣도록 하는 것이 아니라
아이가 손을 뿌리치는 것을 포기할 때까지 손을 잡고 걷는 연습을 계속해야 합니다.

위험한 버릇을 초장에 없애려면

Q. 잡은 손을 뿌리치고 차도로 달려갑니다

네 살짜리 남자아이입니다. 아이와 함께 길을 걷다가 깜짝 놀란 적이 한두 번이 아닙니다. 손을 잡고 걷는 도중 갑자기 제 손을 뿌리치고 달리다가 자동차에 부딪혀 사고가 날 뻔한 적도 있습니다. 아이가 뛰기 직전 어떤 낌새라도 보이면 좋을 텐데, 아무런 예고 없이 갑자기 도로로 뛰어나갑니다. 아이와 산책하는 시간이 즐거워야 하는데, 저한테는 그저 긴장의 시간일 뿐입니다. 지나칠 정도로 활동적인 아이라서 알아듣도록 이야기하는 것이 생각보다 어렵습니다. "아이들은 원래 그렇게 크는 거야"라며 위로 아닌 위로를 하는 사람들도 있지만, 이러다가 사고라도 당하지나 않을까 걱정입니다.

A. 위험한 버릇은 '절대 할 수 없는 상태'로 만들어야 합니다

아이를 키우다 보면 깜짝 놀랄 일이 종종 벌어집니다. 높은 곳에 올라가 뛰어내리거나, 칼이나 가위 등 날카롭고 위험한 물건을 들고 장난을 치기도 합니다. 뜨거운 냄비 뚜껑을 그냥 맨손으로 만지고, 미끄러운 욕실을 맨발로 뛰어다니는 것은 물론이고 정신없이 뛰어다니다가 책상이나 탁자의 날카로운 모서리에 이마를 찧기도 합니다. 평온하기 그지없는 우리 일상에서 위험한 상황이 심심찮게 벌어지곤 합니다.

집 밖도 예외는 아닙니다. 길을 걷다 보면 앞의 상담 사례처럼 갑자기 엄마 손을 뿌리치고 달리는 아이들을 종종 목격하곤 합니다. 곧바로 "안 돼! 기다려!"라는 엄마의 비명도 들립니다. 엄마의 걱정을 비웃기라도 하듯 해맑은 미소로 전력 질주하는 아이들의 얼굴을 볼 때면 만화영화〈톰과 제리〉의 한 장면이 떠올라 저도 모르게 미소를 짓게 됩니다. 물론 이런 일이 자동차나 오토바이가 다니지 않는 공원이나 산책로에서 일어날 때만 그렇습니다.

네 살, 다섯 살 무렵 아이들은 눈에 띄게 활동량이 늘어납니다. 이 나이 또래 아이들의 움직임은 마치 다람쥐 같습니다. 날쌔서 도망치는 것도 빠르고, 특별한 목적 없이 자기 마음 내키는 방향으로 달음질을 칩니다. 아이가 엄마의 손을 뿌리치고 내달리는 곳이 교통량이 많은 도로거나 사거리, 지하철역의 플랫

폼이라면 대단히 위험합니다. 특히 주의력결핍과잉행동장애(ADHD) 아동을 둔 엄마가 이런 행동에 대한 적절한 대처법을 모른다면 아이를 치명적 위험에 빠뜨릴 수도 있습니다.

"갑자기 손을 뿌리치고 빠져나가는 버릇을 없애려면 어떻게 하는 것이 좋을까?"라는 질문에 대한 대답으로 다소 이상하게 들릴 수 있지만, 제 대답은 "손을 꼭 잡아 두 번 다시 도망칠 수 없도록 만들라"는 것입니다. 이런 대답을 하면 엄마들 대부분은 "에이, 선생님. 농담하지 마시고 진짜 답을 말해주세요"라고 말합니다. 거듭 말하지만 이는 절대 농담이 아닙니다. 진짜로 두 번 다시 아이가 엄마 손을 뿌리치고 도망가지 않도록 해야 합니다.

이런 성향의 아이를 둔 엄마들은 외출할 때 잠깐이라도 방심하면 아이가 손을 놓고 또 달려나간다는 사실을 머릿속에 새기고 아이의 손을 꼭 붙잡고 다녀야 합니다. 아이와 손을 잡고 걷는 연습을 하면서 '내가 방심하지 않으면 아이는 빠져나갈 수 없어'라는 생각을 되뇌어야 합니다.

아이의 손을 잡는 방법에도 기술이 필요합니다. 흔히 하듯 손바닥과 손바닥을 마주 대고 느슨하게 잡지 말고, 엄지손가락과 나머지 네 손가락 사이에 아이의 손바닥이 꼭 맞물리도록 잡습니다. 이때 아이의 손끝을 잡는 것이 아니라 아이 손바닥이 엄마의 손 안에 완전히 들어오도록 잡는 것이 중요합니다. 이렇게 깍지를 끼면 아이의 힘으로는 도저히 엄마 손을 뿌리치고 도망칠 수가 없습니다.

예전처럼 엄마 손을 뿌리쳤는데 자신의 손이 풀어지지 않으면 아이는 당황할 것입니다. 그럼에도 쉽게 포기하지 않고 시시때때로 엄마의 손아귀에서 벗어나려고 시도할 것입니다. 하지만 얼마 지나지 않아 자신이 빠져나갈 수 없다는 사실을 깨닫게되면 모든 것을 포기하고 얌전히 걷는 것을 택합니다.

깍지를 끼고 있음에도 좀처럼 포기하지 않고 엄마 손을 있는힘껏 뿌리치거나, 온몸을 비틀어 손을 빼버리는 경우가 있습니다. 이럴 때는 엄마가 깍지 낀 손을 자신의 허벅지 바로 옆에 딱붙인 채 아이 손을 잡아당겨야 합니다. 이렇게 하면 아이는 손을자유롭게 쓸 수 없고, 어지간해서는 빠져나가기가 어렵습니다.

"엄마 손을 놓으면 위험하다고 이야기했지?" "또 엄마 손을놓으면 다시는 산책하지 않을 거야!"라고 엄포를 놓기보다 훨씬 효과적입니다.

아이가 엄마 손을 뿌리치고 도망치려는 기색이 없으면, 그에 맞춰 깍지 낀 손의 힘을 조금씩 뺍니다. 손바닥을 깊이 잡는 형태를 유지하면 아이가 갑자기 움직여도 순간적으로 대처할 수 있습니다.

'엄마와 손을 잡으면 절대로 뿌

리칠 수 없고, 함부로 뛰어다닐 수 없어'라는 것을 반복적인 경험을 통해 알려 주어야 합니다. 100번 해도 100번 다 뿌리칠 수 없다는 것을 경험한 아이들은 이내 포기하고 엄마의 손을 뿌리칠 생각을 하지 않게 됩니다. 이제 서로 기분 좋게 손을 잡은 채 걸을 수 있습니다. 혹시 여전히 손을 뿌리치려고 한다면 예전보다 훨씬 세게 잡아야 합니다.

변화가 있을 때까지 끈기있게

이처럼 손잡는 방법을 반복적으로 경험하다 보면, 아이는 어느새 그 상황에 익숙해집니다. 아이가 손을 뿌리치는 일 없이 함께 길을 잘 걸어간다면, 엄마는 손의 힘을 조금씩 느슨하게 빼줍니다. 물론 이런 상황에서도 엄지손가락과 다른 네 손가락 사이에 아이의 손바닥을 깊숙이 맞물린 형태를 유지해야 합니다.

처음부터 깍지를 끼고 손을 잡으면 아이가 갑자기 손을 뿌리치려고 해도 얼마든지 대처가 가능합니다. 아이가 벗어나려고 하는 순간 손에 힘을 꽉 주고 "위험하니까 지금은 손을 잡는 거야"라고 말해주어야 합니다. 저항이 불가능한 상태를 만들어야 아이는 '내가 위험해서 엄마가 손을 잡고 있는 거구나'라는 사실을 깨닫게 됩니다.

이렇게 '손을 잡고 걷는 연습'을 잘해낸 엄마에게 한 달이 지나고 나서 상태를 물어보면 "열 번에 한 번은 아직 빠져나가려고 하지만 대부분 얌전히 걸어요"라고 말합니다. 이때 '열 번에 한 번은 괜찮겠지' '이 정도면 많이 나아졌잖아'라고 생각해서는 안 됩니다.

아이가 엄마의 손을 열 번 뿌리치려고 했다면 열 번 연속 실패, 100번 뿌리치려고 했다면 100번 연속 실패를 경험하게 해야 합니다. 손을 잡고 걸을 때 절대로 빠져나갈 수 없다는 사실을 알도록 만드는 게 가장 중요합니다.

말로 설명해서 알아듣도록 하는 것이 아니라 아이가 손을 뿌리치는 것을 포기할 때까지 손을 잡고 걷는 연습을 계속해야 합니다. 돌이 지나 걸을 수 있게 되면서부터 이런 연습을 확실히 해두면 아동기가 되었을 때 엄마의 손을 잡지 않고도 얌전히 길을 걸을 수 있습니다. 상담 사례에서 예로 든 것뿐 아니라 어떤 일이든 아이의 행동이 변할 때까지 끈기를 가지고 대하는 것이 중요합니다.

아이가 어른처럼 행동하길
바라는 부모들에게

Q. "왜?"라는 질문에 제대로 대답하지 못합니다

저는 여섯 살짜리 여자아이와 세 살짜리 남자아이를 기르고 있습니다. 그런데 첫째가 동생에 대한 질투가 심한 건지 종종 동생을 울리는 경우가 있습니다.

예를 들어 동생이 자기 장난감을 가지고 놀면 일부러 빼앗고 약을 올리는 식입니다. 자신이 갖고 놀지 않는 장난감인데도 말입니다.

이런 일이 일어날 때마다 "왜 동생에게 장난감을 빌려주지 않는 거야?" "왜 동생한테 화를 내는 거야? 동생이 싫어?"라고 묻지만 절대 대답하지 않습니다. 제 질문에 대답은 하지 않고, 뾰로통하게 입만 내밀고 있는 아이의 모습을 볼 때면 정말 답답하기만 합니다. 이럴수록 큰아이를 더 다독여줘야 하나요?

A. "2시 45분부터 3시까지 빌려줘"라고 구체적인 방안을 제시하세요

솔직히 저는 동생을 울리는 첫째 아이보다 "왜 동생에게 장난감을 빌려주지 않는 거야?"라고 묻는 엄마의 태도가 더 걱정스럽습니다.

엄마들은 자신의 아이가 어리다고 생각하면서도 결정적인 순간에는 어른처럼 행동해주길 바랍니다. 그 나이에는 당연히 할 수 없는 생각과 행동을 '당연히 해야 할 일'이라고 생각하고 바란다는 것입니다. 세상에 공짜가 없듯, 세상에 당연한 것 역시 없습니다. 특히 한창 성장하는 아이들을 엄마의 잣대로 판단하고, 어른스럽게 행동해주길 바라는 것은 아주 위험한 생각입니다.

보통 엄마들은 자신의 아이에 대해 '이렇게 하기를 바란다'는 이상이 있습니다. 말을 잘 듣기를 바라고, 착한 아이이기를 바라며, 공부를 잘하기 바라고, 똑똑하기를 바랍니다. 자신 있게 아이에게 아무런 바람도 없다고 말하는 엄마는 아마 없을 것입니다. 이것이 바로 엄마가 첫째 아이에게 '동생에게 친절한 누나였으면 좋겠다' '약속을 잘 지키는 아이였으면 좋겠다'라는 바람을 갖는 이유입니다.

앞의 상담 사례처럼 엄마의 바람에 반하는 일이 눈앞에서 벌어지면 "왜 동생에게 장난감을 빌려주지 않는 거야?" "왜 동생한테 화를 내는 거야? 동생이 싫어?"라고 물어보게 됩니다. 하지만 아무리 엄마의 바람이 강하다고 해도 "왜 그러니?" "어째서?"라는 말을 입 밖으로 꺼내어 아이에게 직접 물어봐서는 안 됩니다. 이는 엄마의 욕심에서 시작된 질문이므로 아이는 대답할 이유가 없습니다.

엄마는 첫째 아이가 당연히 동생에게 양보해야 한다고 생각합니다. 하지만 엄마가 당연한 양보를 바라는 첫째 아이는 이제 겨우 여섯 살입니다. 여전히 엄마의 사랑과 관심이 필요하고, 양보보다는 제 것을 챙기는 게 당연한 나이입니다. 지금까지 오롯이 부모의 사랑만 받고 자라던 아이가 갑자기 자신의 사랑을 나눠주는 일이 어른들의 생각과 말처럼 쉬울까요? 오롯이 자신만 바라보던 부모의 눈이 동생에게로 향하는 것을 바라보면서 아무렇지도 않아야 할까요?

아이의 '당연함'과 엄마의 '당연함'은 다릅니다. 그런데 이 차이를 알지 못하는 엄마는 애가 탑니다.

"왜 옷을 똑바로 벗어놓지 않니?"

"어째서 친구들과 사이좋게 놀지 않니?"

"왜 옆집 아저씨께 '안녕하세요?'라고 인사하지 않니?"

저는 엄마들이 아이에게 던지는 질문들 가운데 "왜?"와 "어째서?"만큼 어리석은 질문은 없다고 생각합니다. "왜?"와 "어째서?"라는 질문은 아이가 아닌 엄마 자신에게 던져야 할 물음이기 때문입니다.

"나는 왜 아이의 마음을 제대로 읽지 못할까?"

"나는 어째서 여섯 살밖에 안 된 어린아이한테 열여섯 살의 행동을 바라는 걸까?"

"나는 왜 아이에게 구체적인 대안을 만들어주지 못할까?"

"나는 어째서 아이를 야단만 치는 걸까?"

이런 질문을 자신에게 던져야 하는 것입니다.

▌바람이 담긴 질문을 피하고, 구체적으로 물어보세요

결국 "왜 동생에게 양보하지 않니?"라고 묻는 것은 엄마의 바람을 "왜?"라는 형식으로 말하는 것에 지나지 않습니다. 엄마는 누나니까 당연히 그래야 한다고 여기면서 엄마 자신의 바람을 전달한 것뿐이라고 생각하지만, 아이의 입장에서는 추궁당하는 것일 뿐입니다. 단지 질문의 형식으로 야단치는 것일 뿐입니다. 따라서 엄마들은 자신이 한 말이 '친절을 가장한 꾸중' 또는 '자신의 바람을 담은 질문'은 아닌지 살펴볼 필요가 있습니다. 이런 식의 대화법을 바꾸지 않으면 3년이 지나도, 10년이 지나도 아이는 변하지 않습니다.

답답한 마음에 잔소리는 늘어나지만 좀처럼 변하지 않는 아이의 모습에 엄마는 낙심합니다. 이런 일이 계속되면 아이에 대한 실망감만 쌓여갑니다. 아이는 아이대로 부모가 야단치는 것은 알지만 자기 기분이 위로받지 못하고 있다는 상실감을 느낍니다. 이런 악순환은 결국 부모와 아이의 관계를 멀어지게 만듭니다.

　이런 악순환을 끊으려면 엄마의 바람이 담긴 질문을 버리고, 아이가 할 수 있는 구체적인 행동을 제시해주어야 합니다. 예를 들어 동생한테서 자신의 장난감을 빼앗는 누나에게 "동생한테 2시 45분부터 3시까지만 장난감을 빌려주자"라고 구체적으로 제안하는 것입니다. 시계나 타이머를 보여주면서 "15분 정도면 괜찮지?"라고 아이를 이해시킨 다음 아이가 이 제안을 받아들이면 "고마워"라고 말해주어야 합니다.

　물건을 잘 잃어버리는 아이라면 평소 아이가 가지고 다니는 소지품 리스트를 만듭니다. 그리고 아이에게 "학교에 가기 전에 하나하나 짚어가며 확인해보면 어떨까?"라고 제안하는 겁니다. 필통과 교과서, 공책, 연습장 등을 매일 확인하는 것만으로도 아이는 스스로 물건을 챙길 수 있게 됩니다. 이렇게 되면 "어째서 늘 물건을 잃어버리고 다니니?"라고 말하지 않아도 됩니다.

　만약 아이가 매일 아침 늦게 일어나서 지각을 밥 먹듯이 한다면, 엄마는 "아침마다 이런 소란을 꼭 피워야 하겠어?"라고 말할 것입니다. 이런 경우 역시 아이에게 구체적인 행동 지침을 제안해줘야만 문제를 해결할 수 있습니다. 아침잠이 많은 아이라면 전날 밤 샤워 시간을 한 시간 앞당기거나, 저녁식사 시간을 한 시간 앞당겨 일찍 잠자리에 들도록 해야 합니다. 만약 아이가 저녁에 보는 텔레비전 프로그램 때문에 일찍 자지 않겠다고 하면 "엄마가 녹화해줄 테니 학교 다녀와서 보는 건 어때?"라고 구체적인 대안을 제시해야 합니다. 문제 해결 방법을 '아이'가 아니라 '환경'에 맞추는 것입니다. 당장은 아이를 변화시킬 수 없지만 환경은 변화시킬 수 있으니 말입니다.

이때 엄마의 제안을 아이가 받아들이느냐 마느냐는 별개의 문제입니다. 만약 아이가 싫다고 하는 경우 "왜 엄마 생각에 반대하는 거야?" "왜 못 하는데?"라는 말 대신에 "그래, 좋아. 그렇다면 네 생각을 말해보는 건 어때. 어떻게 하면 네가 아침에 일찍 일어날 수 있을까?"라고 질문하는 것입니다.

구체적인 방법, 이렇게!

그렇다면 '구체적인 방법을 제시한다'라는 것이 과연 무엇일까요?

"왜 빌려줄 수 없다는 거야?"
→ "2시 45분부터 3시까지 빌려주자."
"어째서 늘 물건을 잃어버리니?"
→ "학교에 가기 전 현관 앞에 붙은 준비물을 확인해볼까?"

"왜 동생한테 심술을 부리는 거니?"

　→ "같이하면서 양치질하는 법을 가르쳐주지 않을래?"

"왜 옷을 벗어놓기만 하는 거니?"

　→ "세탁 바구니에 넣고 올 사람 있어?"

"왜 못 하는 거니?"라고 말해도 아이는 어떻게 해야 하는지 알지 못합니다. 오로지 엄마의 불만만 쌓여갈 뿐입니다.

엄마가 구체적인 대안을 제시한다고 해도 아이가 이를 곧바로 실천하기는 어렵습니다. 하지만 실망하지 말고 "네 생각대로 3개월 동안 연습해보자. 엄마가 옆에서 도와줄게"라고 대화를 이어가다 보면 문제 해결을 위해 아이가 해야 할 일들이 구체적으로 떠오를 겁니다. 엄마와 아이가 충분한 대화를 통해 합의한 방법이므로 "왜 못 하는 거니?" "넌 어째서 늘 그 모양이니?"라고 아이의 성격을 공격하지 않아도 될 것입니다.

"왜 못 하는 걸까?" "어째서 ○○○하는 걸까?"라는 말을 엄마 혼자서 중얼거리는 건 괜찮습니다. 다만 이런 자문자답이 엄마의 마음속에 길게 머물러 있지 않도록 해야 합니다. 입 밖으로 꺼내지 않더라도 마음속으로 "왜?" "어째서?"라는 말을 계속 중얼거리고 있다면 아이의 행동을 올바른 방향으로 이끌 구체적인 방법이 떠오르는 것 자체가 불가능해집니다. 그러므로 엄마는 자신의 생각을 아이의 문제가 아니라 문제 해결을 위한 사고에 사용하기 바랍니다.

　무언가 잘 되지 않더라도 "왜" "어째서?"라고 투덜대거나 불만에 사로잡혀 아이를 탓하는 것이 아니라 '그럼 어떻게 하는 게 좋을까?'라고 생각할 수 있게 되기를 바랍니다.

　아이를 키우는 기간은 엄마에게도 성장의 시간입니다. "이 문제를 당신이라면 어떻게 해결하겠습니까?"라는 질문을 몇 번씩이고 던질 수 있는 귀중한 시간입니다. 다시 말해 엄마와 아이가 함께 시행착오를 반복하는 성장통 속에서 함께 자라나는 기쁨을 만끽할 수 있는 기회인 셈입니다.

▌ 시도 때도 없이 먹을 것을 달라는 아이라면…

아이가 시도 때도 없이 냉장고 문을 열고 음식을 먹어치우는 것을 고민하는 엄마가 의외로 많습니다. 이 고민에 대한 대답은 엄마가 어떤 생각을 하고 있느냐에 따라 달라집니다. 엄마가 냉장고 안의 음식을 건드리면 안 된다고 생각하는지, 아니면 반대로 별 상관없다고 생각하는지에 따라 달라진다는 말입니다. 아이가 하루 세 끼를 배부르게 먹고 있는지에 따라서도 답은 달라지겠지요. 따라서 단순히 "냉장고 안에 있는 음식을 마음대로 먹어치우는 아이를 어떡하면 좋을까요?"라고 물어보는 것은 우문이라고 할 수밖에 없습니다. 좀 더 구체적으로 질문을 해주어야 합니다.

이렇게만 대답한다면 매우 불친절하다는 말을 듣게 될 겁니다. 그래서 힌트를 하나 드리려고 합니다. 그것은 '어디서 먹을지 가르치고 있느냐'입니다.

식탁 앞에 앉아야만 음식을 먹을 수 있다는 습관이 몸에 밴 아이라면 배고플 때 식탁 주변에서 엄마에게 무언가 먹고 싶다는 의사표현을 할 겁니다. 그런데 식탁, 거실 테이블, 책상, 침대 등 집안 곳곳 언제 어디서든 먹을 것을 주는 가정이라면 아이가 시도 때도 없이 냉장고 문을 여는 것은 너무도 당연한 일입니다. 사과 한 쪽이라도 항상 식탁 앞에 앉아 먹도록 하는 엄마의 반복연습이 있었다면 이런 일은 일어나지 않을 것입니다. 소시지 하나를 줄 때도 식탁에 앉아 기다리는 연습을 시키기 바랍니다.

이런 문제에 접근할 때는 '자기 멋대로 하는 아이'라는 생각을 버리고 '제멋대로 하도록 내버려두는 부모'라고 어른의 문제로 관점을 바꾸어야 합니다. 아이의 문제 행동에 접근할 때는 아이의 잘잘못을 가리기 전에 부모의 행동과 언행을 먼저 살펴봐야 합니다. 모든 문제 해결의 열쇠가 바로 그곳에 있으니까요.

아이는 '당연히' 왜 바르게 행동해야 하는지 모른다

부모는 아이가 뱃속에 있을 때부터 자신도 모르게 이상적인 자녀의 모습을 그려둡니다. 아이가 태어나 부모의 이상향에 맞는 행동을 하면 이들은 돈독하고 친밀한 관계로 발전하게 됩니다. 하지만 우리가 현실에서 만나는 아이들은 이상적인 자녀의 모습과 다소 거리가 있습니다. 아이에게 실망한 부모는 질책과 꾸중을 통해서라도 행동을 개선하려고 마음먹습니다. 그리고 그것이 부모의 역할이자 해야 할 일이라고 오해합니다.

부모 역할에 충실하기 위해 엄마는 아이의 장점이 아닌 단점을 찾는 데 관심을 집중합니다. 다른 사람들의 눈에는 너무도 의젓한 아이인데 엄마 눈에는 모든 게 부족해 보입니다. 상황이 이렇다 보니 "너는 대체 왜 그 모양이니?" "넌 왜 이렇게 산만하니?" "너 그럴 줄 알았다!" "안 된다면 안 되는 줄 알아. 왜 이렇게 말을 안 들어?" 등 부정적이고 질책하는 말을 주로 하게 됩니다. 부모는 별 생각 없이 던지는 말이지만 아이들에게는 큰 상처가 됩니다. 이런 말들은 아이들의 가슴에 큰 상처를 남깁니다. 여기서 문제는 바로 부모들의 요구가 아이들이 이해하기에 다소 추상적이라는 데 있습니다.

"예의바르게 행동해야 착한 아이인 거야."

"친구에게 양보하고 배려하는 사람이 돼야 해."

"착하고 바른 말을 써야 한다."

아이는 왜 예의바르게 행동해야 하는지, 왜 친구에게 양보해야 하는지, 왜 바른 말을 써야 하는지 모릅니다. 그저 엄마가 "그래야 착한 어린이지"라고 말하니까 내키지 않아도 따를 뿐입니다. 생활 습관을 지적할 때도 마찬가지입니다. 아이에게 어떤 행동이 필요하다면 그것을 왜 해야 하는지, 어떻게 해야 하는지 설명해줘야 합니다.

"텔레비전 소리 좀 줄이라고 몇 번이나 말해?"라고 말하면 아이는 소리를 얼마나 줄여야 하는지 모릅니다. 이럴 때는 "엄마가 너무 정신이 없는데, 텔레비전 소리를 8로 해주면 좋겠어"라고 말해야 합니다. 막연하게 "저녁 먹기 전에 장난감 좀 치워"라는 말보다 "7시면 저녁을 먹어야 하니까 어서 장난감 치우자"라고 구체적으로 말해줘야 합니다. 아이가 공공장소에서 뛰어다니면 "가만히 좀 앉아 있어!"가 아니라 "여기는 사람이 많아서 뛰어다니다가 다칠 수도 있어. 그러니 조금만 앉아 있다가 공원에 가서 실컷 뛰어놀자"라고 말해줘야 합니다.

엄마가 추상적인 말만 하고 구체적인 방법을 제시해주지 않으면서 "도대체 왜 못 하니?" "왜 안 하는 거니?"라고 말해봤자 아이는 절대 달라지지 않습니다. 이런 추궁은 아이에게 불안감을 안겨주고 압박감으로 다가올 뿐입니다. 그리고 부모에게 인정받지 못하고 무시당한다는 기분을 느끼게 됩니다.

아이의 모든 행동에는 분명 원인이 있습니다. 무조건 추궁하고 나무라기보다는 아이에게 필요한 것이 무엇인가를 찾아보고, 그 대안을 구체적이고 입체적으로 제시해야 합니다. 그래야만 아이의 행동을 변화시킬 수 있습니다.

여기서 중요한 것은 '아이의 잘못에 집중'하는 게 아니라 '문제 해결에 집중'해야 한다는 사실입니다. 문제 해결 방법을 생각하고 대안을 제시함으로써 아이가 스스로 행동하도록 만드는 게 포인트입니다.

아이의 변덕을 어디까지 참아줘야 할까?

Q. 변덕스럽고, 쉽게 삐치는 성격을 고치고 싶습니다

여덟 살 여자아이입니다. 얼마 전 네 식구가 주말에 놀이공원에 가기로 약속을 했습니다. 그런데 약속 바로 전날, 첫째 아이가 나쁜 행동을 해서 잔소리를 조금 했더니 "나, 놀이공원 안 갈래"라며 토라졌습니다. 그리고 약속 당일 다른 가족이 나갈 준비를 하는데 첫째 아이는 제 방에서 나오지 않았습니다. 평소 잘 토라지는 성격이라 '또 시작이구나'라고 생각했지만 나름 아이를 달래려고 많이 노력했습니다. 오랜만의 외출을 망치고 싶지 않았거든요. 그런데 아이는 "셋이 가면 되잖아"라며 버티기 시작했습니다. 결국 저도 화가 났고, 마지막으로 아이의 의사를 확인하기 위해 "진짜 안 갈 거야? 그럼 우리 셋이 간다"라고 말하면서 신발을 신었습니다. 그때야 아이는

자기 방에서 뛰어나오며 "나도 갈 거야!"라고 울고불고 난리를 피웠습니다. 결국 온 가족이 기분이 엉망인 상태로 놀이공원에 다녀와야만 했습니다. 아이는 제 마음에 들지 않으면 이처럼 아무 때나 떼쓰고 토라집니다. 엄마, 아빠 모두 무난한 성격인데 우리 아이는 왜 이렇게 잘 토라지는 것일까요?

A. '토라져 말하면 들어주는 행위'를 습관화시켜서는 안 됩니다

아무것도 아닌 일에 혼자 방으로 뛰어 들어가 울어버리는 아이, 방금 전까지 신나게 장난을 치고 있다가 갑자기 소리를 지르며 토라지는 아이, 맛있게 밥을 먹다가 무슨 이유에서인지 갑자기 입을 꾹 다물어버리는 아이, 부모와 대화하다가 갑자기 분노를 드러내는 아이들이 있습니다. 한여름 소낙비처럼 예고 없이 토라지는 아이를 지켜보는 부모의 마음은 까맣게 타들어갑니다. 부모는 그저 아이 마음이 스스로 풀릴 때까지 어르고 달래며 기다리는 것 외에는 할 수 있는 일이 없기 때문입니다.

앞의 상담 사례를 예로 들어보겠습니다. 주말 오전에 온 가족이 놀이공원에 갈 준비를 하면서 엄마가 "너, 진짜 안 갈 거야?"라고 물으면 아이는 "나는 됐어. 집에 있을 거야"라고 대답합니다. 토라진 아이와 이미 외출 준비를 끝낸 가족들 사이에서 엄마는 괴롭습니다. 그렇다고 진짜 집에 두고 갈 수도 없으니 아이를 달래기 위해 방으로 들어갑니다. 하지만 엄마의 어떤 말에도 아이는 화를 풀지 않습니다.

이를 지켜보던 아빠도 슬슬 화가 나기 시작합니다. 결국 "그냥 나와! 쟤 원래 잘 토라지잖아. 쟤가 저러는 게 어디 하루 이틀이냐고? 안 가면 저만 손해지. 어서 나와! 가게!"라고 소리를 지릅니다.

일반적으로 아이의 토라지는 행동을 성격 탓이라고 하기 쉽습니다. 다른 아이들은 둥글둥글 유순한 성격인데 타고나기를 예민한 성격으로 태어나 잘 토라진다고 생각하는 것입니다. 따라서 '저 아이는 원래 토라지는 성격이야'라고 생각하면 '타고난 성향이 그러니 부모인 내 힘으로 도저히 어쩔 수 없어'라고 결론을 내리게 됩니다. 하지만 아이들이 때때로 토라지는 것은 성격이나 성향이 아닌 단지 버릇일 뿐입니다. 성장 과정에서 잘못 밴 습관이라는 이야기입니다.

중요한 것은 대처하는 방법입니다. 아이가 떼를 쓰며 발을 동동거리고 울어도 아이가 말한 것에 스스로 책임지도록 해야 합니다. 아이라는 이유로 지나치게 허용하는 모습을 보여서는 안 됩니다. 부모의 이런 태도가 응석받이를 만들게 됩니다.

아이가 놀이공원에 가지 않겠다고 말했다면 "그러지 말고 같이 가자" "온 가족이 기분 좋게 다녀오자" "너 저번에 꼭 놀이기구 타고 싶다고 했잖아"라고 아이를 달랠 필요가 없습니다. "정말 안 갈 거지?"라고 확인만 하면 됩니다. 그럼에도 아이가 계속 토라져 있다면 "그럼 집 잘 보고 있어"라고 말한 뒤 놀이공원으로 출발하면 됩니다. 만약 아이가 "아니, 잘못했어. 나도 갈래!"라고 말하며 바로 반성의 기미를 보인다면 아이를 용서하고 함께 놀이공원에 가면 됩니다. 다만 즉시 반성할 때만 용서해줍니다.

▎가끔은 '상실감'을 경험시켜 줄 필요도 있습니다

이때 주의할 점이 한 가지 있습니다. 외출 당일, 심지어 막 현관에서 나가려고 할 때 "잘못했어. 나도 갈래"라고 반성하는 모습이 반복되면 안 됩니다. 모질게 마음먹고 "네가 안 간다고 했으니까 오늘은 그냥 집에 있어"라고 말하면 아이는 닭똥 같은 눈물을 뚝뚝 떨어뜨릴 겁니다. 결국 '아이가 저렇게 반성하고 있는데, 그냥 두고 가는 것은 너무 가엽잖아'라는 생각에 부모는 함께 가는 것을 허락합니다. 발을 동동 구르며 울부짖는 아이라면 '이대로 두고 가면 큰일 날지도 모르잖아'라는 불안감에 결국 데리고 갑니다. 이것은 토라지는 아이를 둔 부모로서 정말 경계해야 할 태도입니다.

아이들이 토라지는 이유는 부모에게 원하던 것을 얻지 못했기 때문입니다. 아이들은 자신의 마음을 몰라주는 부모에 대한 불만을 토라지는 것으로 표현합니다. 한마디로 자신의 서운한 기분을 알아달라는 항의의 표시입니다. 그런데 부모가 일관성 없이 우유부단한 태도를 보이면 아이는 토라지면 해결된다고 생각하게 됩니다. 토라지는 습관을 더욱 강화시키는 것입니다.

아이는 이미 자신이 토라지면 원하는 것을 얻을 수 있다는 사실을 경험으로 알고 있습니다. 토라지는 강도가 커지면 부모가 달래주는 강도 역시 높아진다는 것을 압니다. 아이는 지금 부모와 흔히 말하는 '밀당'을 하고 있는 것입니다. 이처럼 부모의 관심을 얻기 위해 토라지는 아이라면 무관심한 척 내버려두는 것도 하나의 방법일 수 있습니다. 아이가 어떤 행동을 해도 거기에 영향을 받지 않는 듯 의연하게 행동해야 합니다. 아이의 행동에 부모가 너무 즉각적인 반응을 보이면 아이는 더 큰 문제를 만들어냅니다.

예를 들어 놀이공원에 가기로 한 전날 엄마는 '내일 정말 안 가는 것 아닐까?'라는 걱정을 떨쳐버릴 수가 없습니다. 결국 "너, 내일 정말 안 갈 거야?"라고 미리 확인할 것입니다. 이것은 토라지는 아이를 둔 부모가 보이는 전형적인 패턴입니다. 하지만 이는 절대로 아이에게 물어서는 안 되는 질문입니다. "내일 정말 안 갈 거야?"라고 물으면 아이는 더욱 토라진 척하고, 부모의 말을 쉽게 생각하게 됩니다.

아이가 걱정되더라도 부모는 절대 자신의 마음을 입 밖으로 내서는 안 됩니다. 그저 아이가 자신의 잘못을 반성하고 용서를 빌러 오기를 기다려야 합니다. 어느 순간 아이가 엄마 곁으로 다가와서 "엄마, 내일 놀이공원 갈 거야? 나도 가고 싶은데. 아까는 짜증내고 놀이공원 안 간다고 소리 지른 거 잘못했어"라고 사과한다면 용서해주어야 합니다. 이때 제 방에 혼자 앉아 많은 갈등과 고민을 했을 아이의 마음을 따뜻하게 다독여줘야 합니다. 엄마가 먼저 아이의 손을 잡고 "우리 내일 가서 재미있게 놀고 맛있는 것 먹고 오자"라고 다가가주면 더욱 좋습니다.

그러나 외출 당일까지 아이가 용서를 빌지 않으면 '그래! 이젠 안 돼'라고 단단히 마음먹어야 합니다. 굳이 가지 않겠다는 아이를 억지로 끌고 갈 필요는 없습니다. 아이가 자신의 말에 책임지도록 그대로 두고 출발하면 됩니다. 이는 토라진 아이에게 상실을 경험하게 하기 위해서입니다. '기회를 잃어버리는 경험'을 알게 하는 것입니다.

이때 중요한 것은 부모의 강요가 아닌 자신의 말과 행동으로 '놀이공원에 갈 수 없는 경험'을 하도록 해야 한다는 점입니다. 가족 모두가 놀이공원에 가고 나면 집에 홀로 남은 아이의 머릿속에는 엄마가 "안 간다고 말했지"라는 한마디가 남아 있을 것입니다. 이 말의 무게를 오롯이 혼자서 느끼도록 하는 것입니다.

이것이 중요합니다. 자기의 말 한마디가 누군가에게 상처를 주고 이런 결과를 초래했다는 것을, 자기가 토라져서 "안 갈 거야"라고 말했기 때문에 그렇게 되었다는 것을 느끼도록 해줄 기회입니다. 이런 일을 경험하고 나면 아이는 '토라지면 우리 집은 정말 나를 두고 가버린다'는 것을 알게 됩니다. 이처럼 아이 스스로 자신의 행동이 어떤 결과를 불러오는지 깨닫도록 해야 합니다.

▎감정적 대응은 절대 금물!

예를 들어 처음으로 혼자 집을 봐야만 했던 날로부터 한 달쯤 지나 이번에는 온 가족이 가까운 곳에 나들이를 가기로 약속을 했습니다. 그런데 닷새 전에 형제끼리 작은 다툼이 있었고 또다시 토라진 아이는 가지 않겠다고 선언합니다.

아이의 이런 모습에 화가 나서 "또 그렇게 말한다" "안 간다고? 엄마 성격 알지? 그럼 지난번처럼 너 혼자 집에 있어"라고 위협하면 안 됩니다. 엄마도 사람인지라 아이의 모습에 지칠 수 있습니다. 그런데 아이와 감정싸움을 시작하면 본질을 잃어버릴 위험이 커집니다.

자신이 지금 토라진 아이 때문에 화가 난 건지, 어린아이 하나를 제대로 다루지 못하는 자기 자신 때문에 화가 난 건지, 아이를 위로해주지 않는 남편 때문에 화가 난 건지 모르게 되는 것입니다. 결국 아이를 핑계 삼아 그동안 억눌려 있던 엄마의 감정이 폭발해 현재 상황을 잊어버리게 됩니다.

이때는 아이가 조금 냉정하다고 느껴질 정도로 "아, 그래? 알았어"라는 대답을 끝으로 자리를 떠나는 게 현명합니다.

아이는 지난번 놀이공원 사건으로 자신이 혼자 집에 남겨질 수 있음을 경험했습니다. 과거와 달리 부모의 냉정하고 단호한 모습을 보았습니다. 형제와 다투다 토라져서 홧김에 나들이에 가지 않겠다고 말했지만, 이는 아이의 본심이 아닙니다.

엄마의 "아, 그래? 알았어"라는 한마디로 '아, 내가 또 쓸데없이 고집을 피웠구나'라고 새삼 깨달을 수 있습니다. 이러한 경험이 반복되면 부모의 채근 없이도 아이에게 "잘못했어요. 다시는 안 그럴게요"라고 반성하는 태도를 이끌어내는 일이 가능해집니다.

사실 토라지는 아이들은 자신이 왜 토라졌는지 그 이유조차 모르는 경우가 많습니다. 이는 어른도 마찬가지입니다. 자주 토라지는 어른과 심도 있는 대화를 나누다 보면 "그러게요. 제가 왜 토라졌을까요?"라고 의아해하는 경우를 종종 보게 됩니다. 어른도 이런데 어린아이야 말해 뭐하겠습니까. 그런데 어른이 된 후에도 토라지는 버릇이 이어진다면 어떻게 해야 될까요?

예를 들어 어렸을 때부터 잘 토라지는 A라는 사람이 있습니다. 상사가 A에게 "그 일은 어떻게 되고 있나?"라고 묻습니다. 아직 마감 기한이 남아 있는데 자신을 재촉하는 것 같아서 A는 갑자기 기분이 나빠집니다. 그런데 상사가 "시간이 얼마 남지 않았는데, 기일 안에 마칠 수 있겠나?"라고 다시 묻습니다. 상사의 다그침에 토라진 A는 불만 가득한 표정으로 "제가 알아서 하겠습니다"라고 대답합니다.

당신이 상사라면 이런 사람에게 일을 시키고 싶겠습니까? 당신이 회사 동료라면 이런 사람과 프로젝트를 진행하고 싶겠습니까? 결국 왕따 아닌 왕따가 된 A는 '어차피 이놈의 회사는 나를 알아주지 않는다'라는 '토라짐 모드'가 발현되어 "이런 회사 당장 그만두겠다"라고 말할 수도 있습니다.

실제로 주변을 둘러봐도 잘 토라지는 사람은 한 회사에서 3년을 넘기지 못합니다. 3년은커녕 한 달도 견디지 못하는 사람이 늘어나고 있습니다. 상사의 말이 서운하고 동료의 행동이 섭섭하다는 것입니다. 그런 의도가 아닌데 자신의 마음을 몰라주는 세상이 억울하다는 것입니다. 부모라면 응석을 받아줄 수 있겠지만 사회는 그렇지 않습니다. 성인이면 성인답게 자신의 말과 행동에 책임을 질 줄 알아야 합니다. 불만이 있으면 토라져 입을 다무는 게 아니라 논리적인 말로 상대를 설득할 수 있어야 합니다. 동료와 오해가 생기면 먼저 손을 내밀고 화해의 악수를 청할 줄도 알아야 합니다. 조개처럼 입을 꽉 다물고 있다고 해서 문제는 해결되지 않습니다.

사회에 나가서 능력을 인정받고 주변 사람들과 원만한 대인관계를 유지하는 아이로 키우고 싶다면, 지금부터라도 아이에게 자신의 말과 행동에 책임을 질 수 있는 상실을 꼭 경험시키기 바랍니다.

취학 전, 아이의 토라지는 버릇 고치기

길을 가다 보면 종종 엄마 손을 잡고 가던 아이가 갑자기 "나 안 가!"라고 소리치며 꼼짝 않고 버티는 모습을 봅니다. 그런 아이 옆에서 적대감 가득한 눈길과 삐뚤어진 자세로 꼼짝도 하지 않으려는 아이를 달래고 어르면서 비위를 맞추는 엄마들의 모습을 보게 됩니다.

주변 사람들의 시선도 있으니 어떻게든 아이를 달래 빨리 그 장소를 떠나고 싶은 마음은 이해합니다. 행여나 하나밖에 없는 내 아이가 좌절감을 느낄까 봐 아이의 요구를 들어주고 싶은 마음을 왜 모르겠습니까? 그러나 이때 아이에게 필요한 것은 엄마의 다독거림이 아니라 '토라져봤자 얻는 게 없다'라는 경험입니다. 사탕과 채찍은 안 됩니다.

요컨대 야단을 치면 안 됩니다. 대신 사탕을 잃어버린다는 결과를 경험시켜주는 것입니다. 자기 행동의 결과로 즐거움을 얻을 수 있는 기회를 놓쳤다는 경험을 해보는 건 정말 중요합니다.

갑자기 변한 부모의 태도에 아이도 지지 않으려고 할 것입니다. 예전보다 더 심하게 토라져서 부모를 힘들게 만들 것입니다.

하지만 부모라면 이 모든 상황을 인내하며 극복해야 합니다. 아이가 토라져봤자 결국 아무런 이득을 얻지 못한다는 사실을

깨달을 때까지 버텨야 합니다. 그러면 아이는 스스로 토라지는
것 외의 다른 커뮤니케이션 방법을 익히게 될 것입니다.

"안 해!" "왜?"라는 말을 달고 사는 아이

세상에 자기 아이를 응석받이로 키우고 싶은 부모는 없습니다. 하지만 부모의 마음처럼 자라주지 않는 게 아이입니다.

요즘 식당이나 지하철 등 공공장소에서 토라져 부모를 쩔쩔매게 하는 아이들을 볼 수 있습니다. 엄마가 별다른 말을 하지 않았는데도 무언가에 토라져 서럽게 눈물을 뚝뚝 흘리거나, 걸음을 멈추고 가지 않겠다고 버팁니다.

"또 왜 그러는 거야? 뭐가 마음에 안 드는데? 너는 도대체 뭐가 그렇게 마음에 안 들어 항상 토라지는 건데? 말을 해야 엄마가 알 것 아니야"

사실 아이도 그 이유를 잘 모릅니다. 지금까지 자신이 토라지면 부모가 원하는 것을 해줬기 때문에 토라진 겁니다. 아이들은 특별한 이유가 있어서 토라지는 게 아니라 자신이 원하는 것을 얻기 위해 이 방법을 쓰는 겁니다. 그런데 부모가 이를 눈치 채지 못했을 뿐입니다.

부모가 아이의 토라지는 버릇을 알았을 때는 아이의 머릿속에 다음과 같은 공식이 만들어졌을 가능성이 큽니다.

'엄마가 내 요구를 잘 안 들어준다 → 토라져 내가 화가 났다는 것을 알려야 한다 → 엄마가 달래주더라도 버텨야 한다 → 그러면 원하는 것을 얻을 수 있다'

아이를 자애롭게 키우고 싶은 마음은 이해하지만, 그렇다고 해서 무조건적인 수용은 문제 아이를 만들 수도 있습니다. 원하는 것이 있으면 토라지지 말고 정확하게 자신의 생각을 전달하는 방법을 가르쳐야 합니다. 무엇보다 자신의 말에 책임을 질 수 있는 책임감을 길러줘야 합니다. 이런 교육을 받지 못한 아이는 타협하고 공존하지 못해 사회에서도 외면당하기 마련입니다.

토라지는 아이들을 보면 대부분 자신의 말에 책임을 지지 않는 버릇을 가지고 있습니다. "안 해!" "안 가!" "안 먹어"라는 말을 달고 사는데 엄마가 "너 진짜 안 갈 거야? 그러면 너만 두고 우리끼리 간다"라고 말하면 이번에는 자신을 두고 간다고 난리가 납니다.

결국 엄마는 우는 아이를 어르고 달래며 아이가 원하는 것을 들어줍니다. 이는 자신의 말에 책임을 지지 못하는 행동입니다. 물론 아이니까 그럴 수 있습니다. 하지만 세상의 모든 아이가 이렇게 행동하지 않습니다. 분명 문제가 있습니다.

이런 아이들을 보면 가정이 아이 중심으로 돌아가는 경우가 많습니다. 부모가 가정을 이끌고 가는 게 아니라 아이가 원하는 대로 끌려가는 경우가 많다는 이야기입니다. 고집을 피우고, 떼를 쓰고, 토라지면 모든 일이 해결되기 때문입니다. 양보도 배려도 할 줄 모르는 자기중심적인 아이로 만들고 싶습니까?

그렇지 않다면 아이에게 휘둘리지 않는 부모만의 철칙이 필요합니다. 아이가 가지 않겠다고 하면 아이를 혼자 집에 남겨두고 가는 냉정함도 필요합니다. '가지 않겠다'라는 자신의 말 한 마디로 가족 모임에 혼자만 빠지는 '상실'을 경험하도록 해야 합니다.

어린아이에게 너무 잔인한 일이라고요? 아닙니다. 토라지는 버릇을 바로잡아 주지 못해 성인이 되어서도 속시원히 자기주장을 펼치지 못하게 만드는 것이 더 잔인한 일입니다. 억울한 일이 있어도 분노를 삭이며, 상대방이 자신의 마음을 알아주기를 기다리며 혼자 끙끙앓게 만드는 것이 더 나쁜 일입니다.

우리 아이들에게는 시간이 아직 많이 남아 있습니다. 문제가 있다면 수정하고 보완해서 좋은 쪽으로 개선해나갈 기회가 얼마든지 있습니다. 진짜 잔인한 일은 아직 어린아이라는 이유로 이런 기회를 날려버리는 부모의 행동이 아닐까요?

공포심을 주지 않고 아이를 제어하는 법

Q. 약 먹는 걸 싫어해서 도망 다닙니다

아이들 대부분이 그렇겠지만 우리 아이는 유독 약 먹는 걸 싫어합니다. 아니 싫어하는 정도가 아니라 경기를 일으킵니다. 아주 쓴 가루약이나 아이가 넘기기 힘든 알약을 주는 것 아니냐고요? 아닙니다. 아이 전용 시럽을 먹을 때도 그렇습니다. 요구르트에 섞어서도 줘보고, 아이스크림과 같이 줘보기도 했는데 아무 소용이 없었습니다. 지난번 감기에 걸렸을 때는 아이에게 약을 먹이기 위해 몸싸움까지 해야 했습니다. 어찌나 악을 쓰며 반항하는지 약을 다 먹이고 나서 아이의 얼굴을 보니 통통 부어올라 있더군요. 이제는 아이의 작은 기침소리만 들려도 심장이 덜컥 내려앉습니다. 아이에게 약을 쉽게 먹일 수 있는 좋은 방법이 없을까요?

부모라면 누구나 앞의 상담 사례에 공감할 것입니다. 아이에게 약 먹이는 것이 생각만큼 쉬운 일은 아니라는 말입니다. 가뜩이나 미각이 예민한 아이들에게 쓰디쓴 약은 그야말로 공포의 대상일 겁니다. 그렇다고 먹이지 않을 수 없으니 이럴 때는 어쩔 수 없이 '힘'을 써야 합니다.

약을 먹이기 전에 아이의 머리를 힘주어 잡습니다. 이때 아이의 양팔이 자유로우면 발버둥을 쳐서 벗어나려고 하거나 약 먹이는 수저를 손으로 치게 되므로, 엄마의 허벅지로 눌러 제어해야 합니다. 어떤 상황에서든 아이가 난폭하게 굴 수 없고, 벗어날 수 없게 만드는 게 핵심입니다.

이때 아이의 몸을 힘껏 고정하면서도 무서운 표정을 짓지 않는 것이 중요합니다. 공포에 질린 아이는 당연히 큰 소리로 울며 반항할 것입니다. 이때 "어서, 입 벌리지 못해!"라고 큰 소리로 야단쳐서도 안 됩니다. 오히려 환하게 웃으며 "자, 아~ 하자!"라고 최대한 부드러운 표정으로 말해야 합니다. 엄마가 몸을 세게 누르면 아이는 본능적으로 저항합니다. 엄마들에게 이 순간이 즐거울 리 없습니다. 하지만 힘으로 아이의 몸을 제어하더라도 미소를 잃지 말아야 합니다.

얼마의 시간이 지나 아이가 발버둥치면서 저항하는 것이 잦아든다면 엄마도 서서히 몸의 힘을 뺍니다. 앞서 엄마의 손을 뿌리치고 뛰어다니는 아이의 습관을 바로잡을 때도 아이가 엄마와의 깍지에 익숙해지면 조금씩 손의 힘을 빼라고 이야기한 바 있습니다. 그것과 같은 이치입니다.

약을 먹기 싫다고 온몸으로 반항하던 아이의 몸에서 힘이 빠지면, 엄마도 자신의 몸을 느슨하게 풀어줍니다. 그래야만 아이가 공포심을 누그러뜨리고 편안한 감정을 가질 수 있습니다. 중간에 발버둥을 치거나 도망치려는 기색을 보인다면 다시 힘을 주어 단단히 고정시킵니다. 이는 단순히 약을 먹이는 행위가 아닙니다. 엄마가 포기할 것인가 아니면 아이가 포기할 것인가 하는 부모와 아이 사이에서 벌어지는 끈기 싸움입니다. 당연히 아이가 포기할 때까지 싸움은 계속되어야 합니다.

약을 먹인 직후에는 있는 힘껏 칭찬해줍니다. 이런 상황을 반복하다 보면 자연스럽게 약 먹는 일에 대한 저항도 줄어듭니다. 결국에는 아이 스스로 입을 벌리고 엄마가 약을 먹여주기를 기다리게 됩니다.

약 먹기처럼 아이가 즐거움을 느낄 수 없는 일에 '약 먹은 뒤 아이스크림 먹기' 등 적절한 보상을 제공하는 것도 효과적인 테크닉입니다. 하지만 해도 그만, 안 해도 그만인 습관이 아니라 '어떻게든 몸에 배도록 하고 싶은 습관'이라면 난폭하게 굴어도 소용없다는 사실을 깨닫게 해주어야 합니다.

다소 과격하다는 생각이 들 수도 있겠지만 어른의 체력적 우위를 효과적으로 이용하면 아이에게 '하지 않으면 안 되는 일에 대한 인내'를 가르칠 수 있습니다. 이것은 아이의 잘못된 버릇이나 행동을 고쳐주는 데 아주 중요한 기술입니다.

사람들 앞에서 해서는 안 되는 일 가르치기

Q. 사람들 앞에서 자꾸 코를 후벼요

아이가 틈만 나면 코를 후비고 난 뒤 그 손가락을 빱니다. 솔직히 언제부터 이런 행동이 시작됐는지 모르겠습니다. 사람들 앞에서 그러면 창피하다고 주의를 주곤 하는데, 그럴수록 더 손을 대는 것 같아 어찌해야 할지 모르겠습니다. 어느 때는 코를 후비는 것에 너무 몰두해서 자기 이름을 부르는 것도 듣지 못합니다. 너무 혼을 내서 그런 걸까요? 이제는 엄마, 아빠가 자신을 볼 수 없는 곳에 숨어 코를 후빕니다. 친구들 사이에서도 '코후비개'라는 별명이 붙었을 정도입니다. 코 후비는 습관을 어떻게든 고쳐주고 싶은데, 좋은 방법이 없을까요?

부모에게는 심각한 고민이겠지만, 어린아이들에게서 흔히 볼 수 있는 모습 중 하나입니다. "그것도 다 한때다" "모르는 척 놔두면 저절로 고쳐진다"라고 편하게 말하는 사람도 있지만, 상담 사례처럼 신경이 쓰여 어쩔 줄 모르는 사람도 많습니다. 위생적인 부분도 문제지만 어른이 되어서도 고치기 어려운 습관으로 굳어질까 봐 걱정되기 때문이지요.

이 경우 '사람들 앞에서 해서는 안 되는 일'을 가르쳐주어야 합니다. 말귀를 알아듣는 아이라면 말로 주의를 주는 게 가장 좋습니다. 하지만 대부분은 이런 상황에서 말로 가르치는 게 거의 무의미하다고 봐야 합니다. 아이가 말귀를 알아들었다면 제게 고민 상담을 할 필요도 없었을 테지요.

"사람들 앞에서 그러면 창피하잖아"라고 이야기해도 도무지 효과가 없을 때는 "코 후비는 일은 여기서만 해"라고 확실히 일러둡니다. "코가 간질간질하면 세면대 앞에서 후비고, 그다음에는 손을 씻는 거야"라고 말하는 식입니다.

그리고 휴지를 적당한 굵기로 부드럽고 둥글게 말아주면서 "이걸로 코를 닦으면 깨끗하게 닦을 수 있어"라고 일러줍니다. 아이는 하얀 휴지로 콧구멍을 후비면 코딱지가 시커멓다는 것을 알게 됩니다. 자신의 코딱지 색깔을 보며 신기해하고, '아! 휴지를 쓰면 깨끗하게 닦이는구나!'라며 재미를 느끼게 됩니다.

심하게 코를 후비면 코피가 난다는 것도 배울 수 있습니다.

아이에게 올바른 습관을 만들어주고 싶다면 '~하지 않기'가 아니라 '~해보자'로 접근해야 합니다. 하지 말라고 하면 더 하고 싶은 게 사람의 마음입니다. 이쯤에서 한 가지 짚고 넘어가야 할 것이 있습니다.

긍정적인 말과 부정적인 말 중 어느 쪽의 말을 아이에게 많이 합니까? 부모가 아이에게 부정적인 피드백이 아닌 긍정적인 피드백을 주는 것만으로도 해결되는 문제가 많습니다.

'내 아이가 이것만은 하지 않았으면…'이라고 생각하기보다는 '내 아이에게 무엇을 하도록 할까?'를 생각해야 합니다.

"야단을 쳐야 할까요?"

Q. 아무 데서나 고추를 만지작거려요

여섯 살 남자아이입니다. 언제부터인가 습관적으로 고추를 만지작거립니다. 얼마 전 엄마들끼리 모임이 있어 점심을 먹으러 갔는데, 사람이 많은 자리에서 바지 안에 손을 넣고 고추를 만져서 얼마나 당황했는지 모릅니다. 아들이 있는 엄마들은 괜찮다고 말해줬지만 딸만 있는 엄마들은 당혹감을 감추지 못하더군요. 집에 돌아와 또 그러기에 큰 소리로 주의를 주고 혼을 냈더니 서럽게 울다가 잠이 들었습니다. 그런데 그 순간에도 손이 고추에 가 있더군요. 남편은 남자아이들은 다 그런다며, 그런 짓도 한때라고 말하지만 저는 눈에 너무 거슬립니다. 유치원 친구들한테 따돌림당할까 봐 걱정도 되고요. 이런 나쁜 버릇을 어떻게 고쳐주어야 할까요?

A. 손으로 고추를 만질 때마다 '귀찮은 일'을 시키세요

남자아이를 키우고 있는 엄마들 가운데 이런 걱정을 하는 사람이 적지 않을 것입니다. 그런데 남편의 말처럼 어린 남자아이라면 누구나 하는 일 중 하나입니다. 아이들은 무엇이든 눈으로 보고, 손으로 만지고, 입으로 넣어 보면서 주변 환경과 사물에 대한 감각을 익힙니다. 이때 주변 환경뿐 아니라 자신의 몸에 대해서도 자연스럽게 관심을 갖게 됩니다. 그러면서 손가락을 입에 물거나 손톱을 깨물고 발가락을 빨기도 합니다. 남자아이의 경우 소변을 보거나 목욕할 때 자연스럽게 자신의 고추를 보게 되는데, 손가락이나 발가락과 다르게 특별한 느낌을 주기 때문에 관심의 강도가 높아집니다.

아이들 대부분은 얼마 지나지 않아 자신의 고추에 대한 흥미를 잃게 됩니다. 고추보다 자신의 흥미를 자극하는 장난감을 발견하기 때문입니다. 문제는 앞의 상담 사례처럼 그 정도가 심한 경우입니다.

이런 경우 아이가 고추를 만질 때마다 "고추가 가렵니? 그렇다면 욕실에 가서 씻자"라고 청결의 중요성을 가르쳐야 합니다. 하지만 이 방법은 집 안에 있을 때만 가능합니다. 외출하면 상황이 여의치 않습니다. 당장 욕실로 가서 씻길 수 없는 상황에서는 어떻게 해야 할지 그 방법을 알아보겠습니다.

예를 들어 온 가족이 외식을 하러 나간 자리에서 주문한 음식이 나오기를 기다리는데 아이가 또 고추를 만지작거렸다고 합시다. 엄마가 이를 발견했다면 "어머, 밥을 먹어야 하는데 고추를 또 만졌네. 어서 손 씻으러 가자"라고 말한 뒤 화장실로 데리고 가서 손을 씻게 합니다. 테이블 위에 물수건이 놓여 있어도 무조건 화장실로 데려가야 합니다. 물수건으로 손을 닦는 쉬운 방법이 있지만, 아이가 자신이 한 행동에 부담을 느끼도록 화장실로 데려가는 것입니다. 다시 말해 일부러 성가시고 귀찮게 만드는 것입니다.

얼마 전 같은 고민으로 상담실을 찾은 어머니께 앞서 말한 방법을 알려주니 다음과 같이 대답했습니다.

"하지만 오랜만에 온 가족이 모여 앉아 막 식사를 시작하려는데, 어색한 분위기를 연출하면서까지 아이를 꼭 화장실로 데리고 가야 하나요? 솔직히 귀찮기도 하고, 단순히 주의를 주는 선에서 끝냈으면 좋겠어요."

여기서 중요한 것은 '고추를 만지지 마라'는 주의가 아닙니다. '식사하기 전에 고추를 만지면 한 번 더 손을 씻어야 한다'라는 것을 가르치는 게 포인트입니다. 잘못된 행동을 바로잡으려면 수고스러운 일, 성가신 일을 절대 두려워해서는 안 됩니다.

자신의 고추에 집착하는 아이들을 살펴보면 엄마가 심하게 아이를 억압하는 경우가 많습니다. "게임기는 안 돼" "흙장난은 옷이 더러워져서 안 돼" "뛰면 아래층 사람이 싫어하니까 안 돼" 등 아이가 흥미를 가진 모든 일에 제재를 가하면 아이는 자신의 고추 외에 몰두할 대상이 없어지는 것입니다.

주의를 분산시키는 것도 방법입니다

언젠가 지나치게 자신의 성기에 집착하는 다섯 살짜리 남자 아이를 만난 적이 있습니다. 그 이유를 알기 위해 "고추를 만지는 것과 게임기를 가지고 노는 것 중 어느 게 더 좋으니?"라고 직접적으로 물었습니다. 그러자 제 예상대로 "게임기를 가지고 노는 것이 훨씬 재미있어요"라고 대답했습니다. 저는 아이의 엄마에게 하루 30분으로 제한된 게임 시간을 두 시간 정도로 늘려 주라고 조언했습니다. 그리고 얼마 지나지 않아 고추를 만지던 아이의 버릇이 사라졌다는 엄마의 전화를 받았습니다.

2차 성징이 시작된 청소년기에는 사용하지 않는 방법이지만, 어린아이의 경우라면 아이가 제풀에 지쳐 쓰러질 때까지 밖에서 뛰어놀게 하는 것도 좋은 방법입니다.

나쁜 버릇을 고치려면 '성격'이 아니라 '행동'에 주목하라

요즘 엄마들의 가장 큰 고민 중 하나가 바로 '밥을 잘 먹지 않는 아이'입니다. 밥그릇을 들고 쫓아다니며 애원하고 협박해도 좀처럼 음식에 흥미를 보이지 않고 편식하는 아이들을 보면 성장과 두뇌 발달에 문제가 생길까 봐 걱정스럽습니다.

이뿐만이 아닙니다. 밥 먹듯이 거짓말을 하는 아이, 시도 때도 없이 손톱을 물어뜯는 아이, 위험한 도로에서 엄마의 손을 뿌리치고 뛰어다니는 아이, 약을 먹지 않겠다고 떼를 쓰는 아이, 사람들 앞에서 자신의 고추를 만지는 아이 등 위험하고 나쁜 버릇은 끝없이 나열할 수 있을 정도로 많습니다.

그런데 하나밖에 없는 내 아이를 기죽이기 싫다면서 무조건적으로 아이의 행동을 옹호하는 엄마들이 있습니다. 반면 잘못된 버릇은 한 살이라도 어렸을 때 바로잡아 줘야 한다며 아주 작은 실수에도 호되게 야단치는 엄마들도 있습니다. 하지만 아이의 잘못을 발견했다고 해서 무조건 야단을 쳐서는 안 됩니다. 몇 번을 말해줘도 나아지지 않는 아이의 버릇 때문에 "엄마가 지금 몇 번째 말하는 줄 알아?"라고 소리부터 지르지는 않습니까? 아이들도 자신이 잘못된 행동을 하고 있다는 사실을 잘 압니다. 하지만 이를 스스로 제어할 수 있는 이성이 약하기 때문에 자신도 모르게 그런 행동을 반복하는 것입니다. 때로는 엄마가 버럭 소리를 지른 뒤에야 자신의 행동을 알게 되는 경우도 있습니다.

어느 쪽이든 극단적인 방법은 아이에게 좋은 영향을 미치지 못합니다. 야단과 잔소리로 아이를 움직이기보다는 스스로 깨닫도록 이끌어주는 것이 아이의 나쁜 습관을 잡아주는 올바른 방법입니다. 잘못되고 그릇된 행동을 서둘러 잡아주지 않으면 나중에 더 큰 문제를 불러올 수도 있습니다.

아이의 위험하고 나쁜 습관을 바로잡고 싶습니까? 그렇다면 아이의 그릇되고 잘못된 행동을 잡아내려는 무의미한 '말'을 그만두어야 합니다. 이는 자칫 아이의 행동을 교정하는 것이 아니라 아이의 성격 형성에 잘못된 영향을 미칠 수도 있습니다. 아이가 잘못하고 있는 '현장'을 잡아내어 아이를 다그치기보다는 '잘못을 예방하는 데' 초점을 맞춰야 합니다.

이런 말을 하면 "엄마는 슈퍼우먼이 아니라고요. 아이랑 씨름하다 보면 제대로 된 밥 한 끼 챙겨먹기도 어려워요. 온종일 아이 뒤만 쫓아다닐 수도 없고, 아이가 잘못해야 엄마가 발견하는 게 정상이죠. 도대체 어떻게 예방을 하라는 말인가요?"라고 되묻는 엄마들이 있습니다.

물론 엄마는 슈퍼우먼이 아닙니다. 하지만 아이에게 나쁜 습관이 있다고 해서 아이에게만 잘못이 있다고 단정 지을 수는 없습니다. 엄마의 관심을 끌기 위한 수단일 수도 있으며, 가족에게 느낀 서운함이나 상처를 표현하는 또 하나의 행동 언어일 수도 있습니다. 만약 아이가 지금까지 하지 않던 행동을 하거나, 누가 봐도 나쁜 행동을 보란듯이 하고 있다면 먼저 아이의 마음을 들여다볼 필요가 있습니다. 아이를 유심히 관찰해보라는 말입니다. 그러면 자연스럽게 잘못을 예방할 수 있습니다.

여기서 중요한 것은 엄마의 끈기입니다. 포기하지 말고 올바르게 대응한다면 아이의 나쁜 습관을 바로잡을 수 있습니다. 어른도 새로운 습관을 익히는 데 꽤 오랜 시간이 필요한데, 아이는 어른보다 당연히 더 오래 걸립니다. 부모가 올바르게 대처한다면 아이의 나쁜 습관은 반드시 고칠 수 있습니다.

"더이상 휘둘리고 싶지 않아요"

– 아이와의 주도권 싸움에서 지지 않는 법

말을 잘 듣는 아이, 해야 할 일과 하지 말아야 할 일을 구분할줄 아는 아이로 키우고 싶다면
무엇보다 부모가 자신의 역할이 뭔지 공부하려는 자세가 필요합니다.
이를 위해선 아이의 행동 원인뿐 아니라 엄마 자신이 어떻게 대처하는지도 객관적으로 관찰해야 합니다.
엄마의 대처법에 따라 아이의 행동이 달라지기 때문입니다.

아이와 기 싸움을 할 때

Q. **밥 먹을 때, 옷 갈아입을 때마다 아이에게 휘둘립니다**

네 살짜리 딸아이가 있는데, 한 번 말해서는 좀처럼 말을 듣지 않습니다. "밥 먹자!" "지금 놀고 있잖아!" "밥 먹고 다시 놀면 되지" "지금 막 놀기 시작했단 말이야" "벌써 30분이나 지났네. 이제 다 놀았으니 밥 먹어도 되지?" "배 안 고파!"라는 식입니다. 옷 갈아입을 때, 양치질할 때, 잠자리에 들 때마다 이런 일이 반복됩니다. 아이가 너무 말을 안 들어 어느 때는 '엄마를 가지고 노나?'라는 생각마저 듭니다. 솔직히 진짜 놀이에 정신이 팔렸다기보다는 저를 곤란하게 해서 주의를 끌고자 하는 것이라고밖에 생각할 수 없습니다. 아이에게 휘둘리지 않고 제가 원하는 대로 이끌어가기 위한 요령을 알려주실 수 있나요?

네 살 정도의 아이라면 사물에 대한 호기심과 도전정신이 넘치는 시기입니다. 더불어 엄마와의 주도권 싸움이 시작되는 시기이기도 합니다. 이 시기의 아이들은 "왜?" "싫어" "안 해"라는 말을 입에 달고 삽니다. 이는 부모에게 특별히 불만이 있어서가 아니라 독립을 위한 자연스러운 발달 과정 중 하나입니다. 단 그 정도가 심한 경우도 있는데, 이때 바로잡아주지 않으면 '버릇없는 아이'가 될 수 있으므로 각별한 주의가 필요합니다.

이 시기의 아이들에게 해야 할 일과 하지 말아야 할 일, 되는 일과 안 되는 일에 대한 구분을 가르침으로써 세상을 살아가는 데 규칙과 규범이 존재한다는 것을 알려줘야 합니다.

앞의 상담 사례를 중심으로 이야기해보겠습니다. 우선 상담 사례의 아이는 엄마가 정말 좋은 모양입니다. 계속 대화하려고 일부러 엄마에게 반항하는 행동을 하고 있습니다.

엄마가 "밥 먹자!"라고 말했을 때 아이가 단번에 "네" 하고 따르면 엄마와의 대화는 그것으로 끝이 납니다. 하지만 이를 따르지 않으면 엄마는 몇 번이고 아이에게 말을 걸어줍니다. 이제 알겠습니까?

아이가 삐딱하게 행동하거나 부모의 기대에 반하는 말을 하는 것은 대화를 이어나가기 위한 '주의를 끄는 기술'입니다.

네 살 정도의 아이는 엄마의 보살핌을 '기쁜 일'이라고 인식

합니다. 그런데 현실적으로 엄마가 하루 24시간 내내 아이만 바라보고 있을 수는 없는 노릇입니다. 전업주부라면 집안일, 맞벌이라면 직장일이 발목을 잡곤 합니다. 원하지 않아도 아이에 대한 관심이 다른 일과 분산되고, 아이와 놀아주는 시간이 줄어들게 됩니다. 아이로서는 '기쁜 시간'이 줄어드는 셈입니다. 엄마가 원하는 일, 바라는 일을 곧바로 해내면 그 시간은 더욱 줄어듭니다.

엄마의 "밥 먹자!"라는 말에 곧바로 식탁으로 오는 것보다 "지금 막 놀기 시작했단 말이야" "배 안 고파!"라는 말이 더 관심을 끌 수 있어 엄마의 말을 듣지 않고 반항하는 쪽으로 행동하기로 한 것입니다. 한마디로 아이는 엄마를 자기 페이스로 끌어들이려고 합니다. 그런데 이를 모르는 엄마는 아이를 다루지 못해 허둥대거나 안절부절못하게 됩니다.

▎주도권을 빼앗기지 않으려면…

이제 아이가 엄마를 자신의 페이스로 이끌기 위해 반항한다는 사실을 알았습니다. 그렇다면 단 한 번에 말을 알아듣도록 하려면 어떻게 하는 것이 좋을까요?

이런 일들은 아이가 지금까지 반항하면 엄마가 자신과 오랫동안 대화를 나눠준다는 것을 경험해서 일어난 현상입니다. 따라서 아이가 반항해도 대화가 그리 오래 이어지지 않는다는 것을 경험하도록 해주면 됩니다.

"자, 이제 밥 먹을 시간이야"라는 엄마의 말에 "지금 놀고 있어요!"라고 반응한다면 "그래? 알았어. 그럼 엄마부터 먹고 있을게"라고 말한 뒤 혼자 먹기 시작합니다. 아이를 식탁에 앉히기 위해 "밥 먹고 놀자" "아직 안 끝났어?" 등 대화 횟수를 의도적으로 늘리지 말아야 합니다.

이전과 다르게 자신에게 말을 걸지 않고 혼자 밥을 먹기 시작하는 엄마의 모습을 보고 '무언가 이상하다'라는 낌새를 알아챈 아이가 서둘러 식탁으로 오는 경우도 있습니다. 이처럼 '반항해도 대화를 나눌 수 있는 기회가 늘어나는 게 아니라는 것'을 반복적으로 경험하도록 하면, 아이는 좀 더 좋은 방법으로 엄마에게 대화를 청하게 될 것입니다. 반면 엄마가 감정적으로 대응하거나 아이에게 설명을 반복하면 엄마가 원하는 방법으로 대화를 이어나갈 가능성은 줄어듭니다. 잃어버린 엄마의 주도권을 되찾아와야만 아이의 식사 습관을 고칠 수 있습니다.

아이와의 대화가 줄어들까 봐 걱정할 필요는 없습니다. 반항해도 엄마와 대화를 나눌 수 없다는 것을 반복적으로 경험한 아이가 마지못해 식탁으로 다가오면 그때 충분히 대화를 나누면 됩니다. "금방 왔네!" "대단한걸!"이라고 칭찬한 뒤 "밥 다 먹으면 엄마랑 인형놀이 하자" "오늘 밤에 무슨 책 읽어줄까? 저녁 먹고 같이 찾아볼까?"라고 말해줌으로써 엄마 곁에 있으면 즐거운 대화가 늘어난다는 것을 경험하도록 해줍니다.

이때 주의할 것은 "엄마 말 잘 들으면 실컷 이야기해줄게"라고 말하지 말아야 한다는 것입니다. 의외로 많은 엄마가 아이에게 무심코 이렇게 말합니다. 이런 방법을 쓰면 아이는 오히려 '관심 없다'라는 식으로 나오게 됩니다. 엄마가 자신의 페이스를 잃고 아이에게 주도권을 빼앗기는 순간입니다.

아이에게 요구할 것이 있으면 길게 설명할 필요가 없습니다. 간략하게 용건을 전달하고 아이가 이에 응했을 때만 '얻는 것, 예를 들어 즐거운 대화'가 있을 거라는 사실을 알게 해줘야 합니다. 아이가 바로 응하지 않았을 때는 즐거운 대화처럼 얻는 것이 없다는 사실을 분명하게 보여주어야 합니다. 자신의 노력 없이 그 어떤 성과도 얻을 수 없다는 것을 알려주어야 한다는 뜻입니다. 설득과 설명만으로는 절대 제대로 된 육아를 할 수 없습니다.

'즐거운 보상'을 선물합니다

매일 아침 꾸물거리며 옷을 갈아입는 아이의 경우도 똑같이 생각해보기 바랍니다. 충분히 혼자 옷을 갈아입을 수 있는 아이라는 전제를 깔고 하는 이야기입니다.

유치원에 가야 할 시간인데 아이는 벌써 10분째 옷과 씨름 중입니다. 이런 상태로 두면 아이는 물론이고 엄마도 지각할 게 뻔

합니다.

"아직 멀었어? 빨리 좀 갈아입어라."

"알았어요."

"벌써 몇 번째 이러고 있는 거야. 다 됐지?"

"아직!"

"그럼 엄마 먼저 간다. 너 혼자 유치원 갈 거지?"

"엄마! 잠깐만요!"

"아니, 아직까지 옷도 못 입었어. 늦겠다. 티셔츠 이리 줘! 엄마가 입혀줄게."

옷 입는 것 역시 아이 혼자 충분히 할 수 있는 일임에도 엄마가 자신을 보살펴주기를 바라는 마음에 늦장을 부릴 가능성이 높습니다. 어쩌면 단순히 옷 갈아입는 게 귀찮다거나, 유치원에 가기 싫다거나, 방이 추워서 옷을 벗기 싫었을 수도 있습니다. 그 어떤 상황에서도 아이에게 휘둘리지 않으려면 '빨리 옷을 갈아입으면 무언가 좋은 일이 생긴다'라는 경험을 만들어주어야 합니다.

그런데 앞의 대화를 보면서 무엇인가 느껴지는 게 없습니까? 저는 앞에서 분명 아이에게 무언가 요구할 때는 구체적으로 지시하라고 말했습니다. 그런데 대화의 내용이 어떻습니까. 막연하게 "빨리 옷 갈아입어"라고 말할 뿐 구체적인 지시가 없습니다. 이때는 시간을 정확하게 명시해주는 게 좋습니다. 예를 들면

"7시 45분까지 옷을 갈아입어라"고 말하는 식입니다.

결론적으로 구체적인 지시와 함께 좋은 일이 생긴다는 것을 알려주려면 "7시 45분까지 옷을 다 갈아입으면 네가 어제 먹고 싶어 하던 파이 사줄게"라며 약간의 포상을 제시하는 것입니다.

또는 "아빠하고 너하고 누가 먼저 옷을 갈아입고 식탁에 앉는지 시합해볼까?" "뽀로로 노래가 끝나기 전에 옷을 갈아입어 볼까?"라는 식으로 게임 형식을 도입해보는 것도 요령입니다. 빨리 옷을 갈아입으면 즐거운 일이 기다리고 있다는 경험을 반복하다 보면 오래 걸리고 서툴기만 했던 옷 갈아입기도 아이 스스로 해내게 될 것입니다.

아이를 강압적으로 통제하는 게 싫다고요?

그럼에도 꾸물대는 아이들이 분명 있습니다. "그래? 알았어. 그럼 엄마부터 먹어야겠다"라는 엄마의 말에도 "아직 인형놀이가 끝나지 않았어요. 엄마 좀 기다려요!"라고 강하게 반항하는 아이가 있을 것입니다. 엄마의 관심을 끌려고 더욱 강하게 반항하는 것입니다.

이때는 "지금 밥을 먹지 않으면 어제 네가 먹고 싶다고 해서 사온 푸딩 없어"라고 은근히 경고하는 것도 한 가지 방법입니다. 푸딩을 먹게 되리라고 기대하고 있는 아이에게 그것을 주지 않겠다고 말해 '엄마 말을 듣지 않으면 손해 본다'라고 생각하

게 만드는 것입니다.

아이들은 '자신이 어떤 행동을 하면 좋은 일이 일어난다'의 반대로 '자신이 어떤 행동을 하지 않으면 특권을 잃는다'를 경험하게 되면 스스로 행동의 변화를 일으킵니다.

이때 엄마는 부드럽고 밝은 목소리로 "다시 한 번 말해도 안 하면 푸딩 정말 없어"라는 것을 아이에게 알린 뒤 결단력 있게 실행에 옮겨야 합니다. 이런 이야기를 하면 많은 엄마가 다음과 같이 말합니다.

"그런데 선생님, 이런 방법은 좀 부담스러워요. 당장은 말을 잘 듣겠지만 앞으로도 계속 강압적으로 나가지 않으면 안 된다는 이야기잖아요. 엄마의 위협이나 강압이 없으면 움직이지 않는 아이가 될까 봐 걱정이에요."

단언컨대 앞의 상담 사례를 해결하는 방식은 아이를 위협하는 게 아닙니다. 무엇보다 '아이를 강압적으로 통제한다' '아이를 위협해서 움직이게 하는 건 싫다'라고 생각하는 엄마라면, 아이에게 휘둘리기가 쉽습니다. 아니, 어쩌면 벌써 휘둘리고 있는지도 모릅니다.

엄마들은 매일매일 시간에 쫓기며 살고 있습니다. 아침부터 밤까지 이런저런 일로 바쁘게 움직입니다. 밥하고, 청소하고, 세탁하고, 장 보고, 자기 일이 있는 경우라면 업무를 처리하면서 아이와도 시간을 보내야 합니다. 게다가 육아는 낯설고 서툴기만 하니 좀처럼 여유를 갖기 어려운 상황입니다.

상황이 이렇다 보니 자신이 아이에게 휘둘리고 있다는 사실을 전혀 눈치 채지 못합니다. 하지만 이런 사실을 깨닫지 못한다면 항상 아이의 말과 행동에 휘말려서 흐느적거리는 해파리처럼 되고 맙니다.

엄마가 해파리 같은 상태라면 아이는 부모를 더욱 자기 마음껏 휘두르게 됩니다. 이번 상담 사례처럼 제멋대로 행동하는 것이 버릇이 되고 맙니다. 해야 할 일과 하지 말아야 할 일, 참아야 할 일 등을 경험하지 못한 채 이기적이고 자기중심적인 아이로 성장하는 것입니다.

말을 잘 듣는 아이, 해야 할 일과 하지 말아야 할 일을 구분할 줄 아는 아이로 키우고 싶다면 무엇보다 부모가 자신의 역할이 뭔지 공부하려는 자세가 필요합니다. 이를 위해선 아이의 행동 원인뿐 아니라 엄마 자신이 어떻게 대처하는지도 객관적으로 관찰해야 합니다. 엄마의 대처법에 따라 아이의 행동이 달라지기 때문입니다.

미루는 습관만큼은 꼭 고쳐주어야 합니다

앞의 상담 사례처럼 엄마가 아이에게 휘둘려 상황을 통제할 수 없게 되면 아이는 자신도 모르게 일을 미루는 습관을 가지게 됩니다. 밥 먹는 일, 양치하는 일, 장난감 정리하는 일, 책 읽는 일 등 일상적인 일을 하나 하나 미루다 보면 나중에는 예습과 복습을 비롯해 공부하기, 약속 지키기 등 모든 일을 미루게 됩니다. '내일' '나중에' '조금 있다가'가 생활화되는 것입니다.

명문대학교에 진학한 학생들은 특별히 머리가 좋다기보다 성실한 생활 습관을 가지고 있습니다. 운동선수들 역시 마찬가지입니다. 하루도 빼놓지 않고 자신의 연습량을 채우는 성실함이 성공을 만들어내는 것입니다. 우리 사회는 또 어떻습니까. 자신의 일을 미루지 않고, 남을 탓하지 않고, 성실하게 묵묵히 자기 자리에서 제 몫을 다하는 사람들이 이끌어가고 있습니다.

아이에게 올바른 습관을 만들어주는 일에는 엄마의 역할이 반드시 필요합니다. 아이를 강압적으로 통제한다고 생각하지 말고 미루는 습관을 고쳐준다고 생각해야 합니다. 그러면 아이를 위해 무엇을 해야 할지 보이기 시작할 것입니다.

아이는 왜 미루려고만 할까?

현대인에게 가장 큰 고민 중 하나가 바로 미루는 습관입니다. 인터넷과 스마트폰으로 이런 고민이 더욱 늘어나는 추세입니다. 손안에서 모든 것이 해결되다 보니 발로 뛰어 문제를 해결하려는 생각을 안 하게 되는 것입니다.

'나중에' '다음에' '조금 더 있다가' '드라마만 보고'라는 핑계 뒤로 숨다가 결국 수습할 수 없을 정도로 일을 크게 만드는 경우가 적지 않습니다. 청소, 빨래 등 사소한 일을 미루는 사람은 공과금 납부일이나 친구와의 약속 미루기는 기본이고 직장에서 기획안 마감 시간까지 미루기 일쑤입니다. 신용을 잃어버리는 것은 물론이고 스스로 문제를 자초하게 되는 경우가 많습니다.

해야 할 일을 미루는 사람은 집중력이 부족합니다. 친구들과 만나 수다를 떨고 있어도 머릿속에는 해야 할 일의 목록, 미뤄둔 일에 대한 부담감이 자리하고 있습니다. 결국 놀아도 노는 게 아니며, 쉬어도 쉬는 게 아닌 상황이 됩니다. 미루는 습관이 문제가 많다는 것을 알면서도 이를 고치지 못하는 이유는 습관을 고치겠다는 의지조차 뒤로 미루기 때문입니다.

그런데 일 잘하는 사람들을 보면 절대 일을 뒤로 미루는 법이 없습니다. 하다못해 이메일을 보내는 사소한 일마저 이야기가 나온 그 자리에서 끝내버립니다. "언제 밥이나 한번 먹어요"라는 상대의 인사말에 바로 수첩을 꺼내들고 약속 시각을 잡습니다.

아이들이라고 다르지 않습니다. 공부 잘하는 아이, 소위 모범생이라고 불리는 아이들의 생활 습관을 보면 규칙적입니다. 오늘 해야 할 공부를 내일로 미루지 않습니다. 하루 계획, 주 계획, 월 계획을 세워 계획표대로 실천하니 공부가 밀릴 일이 없습니다. 반면 방학 내내 놀다가 개학 전날 한 달 동안의 일기를 한꺼번에 쓰는 아이들이 있습니다. 시험공부를 미루다가 시험 전날 울면서 밤을 새우는 아이들이 있습니다. 새털같이 많은 시간을 흐지부지 보내고, 눈앞에 닥쳐야만 미뤄둔 일을 시작하는 것입니다.

하기 싫은 일, 귀찮은 일, 곤란한 일, 시간이 많이 걸리는 일, 부담스러운 일을 피하고 싶은 것은 인간의 본성입니다. 이런 본성을 이기고 이성적으로 행동하도록 만들어주는 것이 바로 부모의 역할입니다.

그런데 아이들의 미루는 습관을 보면 부모의 잘못된 행동에서 비롯된 경우가 많습니다. 다시 말해 아이의 일을 대신해주는 부모들이 있다는 말입니다. 육아와 생활에 지친 엄마들은 느린 아이의 행동을 기다려줄 여유가 없습니다. 밥상을 빨리 치우기 위해 밥을 대신 먹여주고, 거실을 빨리 정리하기 위해 숙제를 대신 해주는 식입니다. 아이는 자신이 해야 할 일을 미뤄도 문제가 생기지 않기 때문에 미루는 습관의 심각성을 인지하지 못합니다. 어떤 문제가 생겨도 부모라는 '해결사'가 상황을 정리해줄 거라는 점을 잘 알고 있기 때문입니다. 한마디로 부모가 아이에게 주도권을 빼앗겨 생긴 문제입니다.

어린아이들은 다가올 미래에 관심이 없습니다. 자신의 행동이 어떤 결과를 불러올지 알지 못합니다. 그저 현재가 편하고 즐거우면 그뿐입니다. 이런 아이들에게 미루는 습관이 불러오는 문제들을 깨닫게 해주어야 합니다. 자신의 행동이 어떤 결과를 불러오는지 확실히 알려줘야 합니다. 숙제를 하지 않으면 선생님께 혼이 난다, 약속을 지키지 않으면 보상이 없다는 것을 경험하게 해야 합니다. "티끌 모아 태산이다"라는 말이 있습니다. 아주 사소한 일이라도 해결하지 않고 쌓아놓으면 언젠가는 태산이 되어 되돌아온다는 사실을 알려주어야 합니다.

성공하는 사람들과 실패하는 사람들 간의 결정적 차이는 바로 '실행력'

에 있습니다. 성공하는 사람들을 보면 모두가 알고 있는 것을 바로 실천에 옮깁니다. 머뭇거리는 순간, 내일로 미루는 순간 기회는 지나가 버린다는 사실을 알고 있기 때문입니다. 미루는 것이 습관이라면 시작하고 실행하는 것 역시 습관입니다. 우리 아이들에게 미루는 습관이 아닌 시작하는 습관을 만들어준다면, 공부는 물론 사회에 나가서도 언제나 리더의 자리에서 많은 사람을 이끄는 성공적인 인생을 살게 될 것입니다.

상처주지 않고 버릇을 고치는 '레드카드 테크닉'

Q. 여러 번 야단을 쳐도 공공장소에서 뛰어다닙니다

다섯 살 남자아이입니다. 워낙 활동적인 아이이기도 하지만 지하철만 타면 정신없이 뛰어다닙니다. 언젠가 한번은 지하철 좌석에 쿵쿵거리며 뛰어오르는 아이의 모습에 깜짝 놀라 강하게 주의를 줬지만 그것도 잠시뿐입니다. 지난주에는 오랜만에 가족이 당일치기 여행을 떠나기로 했습니다. 오랜 시간 기차를 타야 하는데, 아이의 행동이 걱정스러워 출발 전에 "기차에서 뛰면 절대 안 돼"라고 다짐까지 받았습니다. 아이는 순순히 "네"라고 대답하더군요. 하지만 기차에 타자마자 언제 약속했느냐는 듯 쿵쿵거리고 또 뛰기 시작했습니다. 이제는 아이와 대중교통을 이용하는 일이 두렵습니다. 어떻게 야단을 쳐야 아이의 행동이 고쳐질까요?

A. 아이가 약속을 어겼을 때는 '레드카드'를 활용하세요

기차 여행에 아이가 많이 흥분한 모양입니다. 땅속으로 다니는 지하철만 타다가 지상의 풍경이 보이는 기차를 탔으니 신이 났을 겁니다. 엄마는 약속을 지키지 않고 쿵쿵거리며 뛰어다니는 아이에게 계속 주의를 주지만, 아이는 기분이 들떠 약속을 지킬 수가 없습니다. 부모는 아이를 어르고 달래고 야단치며 그렇게 목적지에 도착합니다. 돌아가는 기차에 오르기 전 다시 한 번 아이에게 주의를 주면서 '뛰지 않겠다'라는 약속을 받으리라 다짐합니다. 어찌 되었든 여행지에 도착하니 언제 그랬냐는 듯 기분이 좋아집니다. 근심걱정은 잠시 내려놓고 여행을 즐기기로 합니다. 아마도 부모들 대부분은 이런 상황을 되풀이할 것입니다. 이를 플랜 A라고 합시다.

플랜 B는 어떨까요? 여행의 즐거움에 들뜬 아이가 기차를 타자마자 문제 행동을 보입니다. 출발한 지 채 10분이 지나지 않아 기차가 다음 역에 도착했습니다. 엄마는 아이에게 "계속 그렇게 뛰어다니면 우리 여기서 내릴 거야"라고 경고합니다. 아이는 문제의 심각성을 모르는지 잠시 얌전할 뿐 또다시 뛰어다니기 시작합니다. 기차가 그다음 역에 도착하자 부모는 짐을 챙깁니다. 그리고 기차에서 내립니다.

엄마의 단호한 행동에 아이는 이내 울음을 터트립니다.

"엄마, 엄마! 이제 정말 얌전히 있을게요. 잘못했어요!"

"정말 얌전히 있을 거야? 안 뛰어다닐 거야?"

"네, 안 그럴게요!"

"진짜지? 한 번만 더 약속을 어기고 기차에서 뛰어다니면 정말 집으로 돌아갈 거야. 알았지?"

부모는 반성하는 아이를 데리고 원래의 자리로 돌아가 앉습니다. 아이의 약속을 받아냈으니 그대로 여행을 떠납니다. 축구 경기로 치면 옐로카드를 내밀어 확실하게 경고한 상황입니다. 이것이 플랜 B입니다.

"플랜 A와 B 중 어느 방법을 선택하겠습니까?"라고 묻는다면 아마도 대부분은 플랜 B를 선택할 것입니다. 아이를 통제하지 못하고 전전긍긍하는 모습보다 단호한 모습으로 아이에게 새로운 약속을 받아내는 게 더 낫다고 생각하기 때문입니다.

그러나 결론부터 말하자면 저는 두 가지 예시 중 그 무엇도 추천하지 않습니다. 어느 쪽을 선택하든 상황은 개선되지 않을 것이며, 아이는 계속 약속을 지키지 않을 것이기 때문입니다. 제가 추천하는 방법은 다음과 같습니다.

▎육아에도 기회비용이 존재합니다

기차가 역을 출발하자마자 아이가 소란을 피우기 시작하면, 다음 역에 도착하기 전 "얌전히 있지 않으면 다음 역에서 내릴 거야"라고 경고합니다. 그럼에도 아이의 행동에 변화가 없고 반성의 기미가 보이지 않으면 그다음 역에서 짐을 챙겨 아이를 기차 출입구로 데리고 갑니다. 여기까지는 플랜 B와 똑같습니다.

그리고 저라면 그다음 역에 도착했을 때 아이의 손을 잡고 그대로 내려버립니다. 아이는 지금까지와는 비교도 안 되게 큰 소리로 울부짖으며 반항할 것입니다. 하지만 저는 흔들리지 않습니다. 아이가 "안 그럴게요" "싫어요" "잘못했어요"라고 말하는 사이에 기차는 문을 닫고 떠날 것입니다. 떠나는 기차를 보며 아이는 더 큰 소리로 울겠지만 저는 절대 흥분하지 않습니다. 평소와 똑같은 목소리로 "기차가 가버렸네. 네가 약속을 어겼으니까 오늘은 그만 집으로 돌아가자"라고 말한 뒤 정말 집으로 돌아갑니다. 중요한 약속을 지키지 않을 때는 경고의 의미가 담긴 옐로카드가 아니라 퇴장을 명령하는 레드카드를 내밀어야 합니다. 이것이 바로 제가 추천하는 플랜 C입니다.

플랜 C를 실행하는 일이 사실 말처럼 쉽지 않습니다. 사실 플랜 C를 제대로 실행할 수 있는 부모를 만날 확률은 1퍼센트 미만입니다. 아이들의 강력한 무기인 눈물을 보는 순간 안쓰러움에 마음이 약해지기 때문이지요. 게다가 부모 역시 여행에 대한 설렘이 있습니다. 아무리 당일치기 여행이지만 목적지까지 가는 교통편, 가볼 만한 곳, 맛집 리스트까지 준비한 게 많습니다. 아이가 약속을 지키지 않는다고 해서 이를 단번에 포기하기가 쉬울 리 없습니다. 여기까지 온 시간과 비용이 아깝다는 생각도

들고요.

그러나 이를 단순히 여행이 아닌 육아의 관점에서 본다면 여기에 사용된 시간과 비용은 전혀 아깝지 않습니다.

부모 말이 가진 무게

'부모 말이 가진 무게'라는 데 포인트를 두고 생각해보기 바랍니다. 플랜 A에서 부모의 말은 그 무게가 매우 가볍습니다. 상황 통제의 주도권을 잃은 부모는 현재 아이에게 휘둘려서 갈팡질팡하고 있습니다.

플랜 B에서 부모는 "얌전히 있지 않으면 기차에서 내린다"라고 경고했지만, 이 역시 그리 무거운 말이 아닙니다. '내린다'라는 부모의 말에 아이가 잠시 움찔한 것은 사실이지만, 아이는 지금까지의 경험으로 미루어보아 부모가 기차에서 내리지 않으리라는 사실을 잘 알고 있습니다. 부모는 아이가 약속을 지키지 않는다고 탓하지만 어떻게 보면 부모 역시 '내리겠다'는 약속을 지키지 않은 것입니다.

플랜 C는 부모의 말과 행동이 일치하고 있습니다. 덕분에 아이는 자기가 약속을 지키지 않은 행동의 결과에 따라 기대감을 '상실'하는 귀중하고도 실질적인 경험을 하게 되었습니다. 앞에서 언급한 '잘 토라지는 아이'의 사례에서 소개한 것처럼 '상실 경험'을 하도록 하면 안 되는 일과 참아야만 하는 일을 배우게 됩니다.

특히 부모가 '경고만으로 끝내지 않겠다'라고 단단히 각오하고 이를 실행에 옮기면, 아이에게 휘둘리는 악순환의 연결고리를 끊을 수 있습니다. 부모가 정말 원하는 일, 이렇게 해주었으면 하는 마음이 전달되는 반응은 플랜 C뿐입니다. 아이가 부모의 행동을 위협으로 받아들이지 않을까 걱정하는 사람이 있을 줄 압니다. 하지만 아이에게 정말 위협적인 것은 기차에서 내리는 부모의 행동이 아니라 '기차에서 엄마는 내린다고 하지만, 절대 내리지 않을 것이다'라고 생각하게 만드는 것입니다. 제멋대로 행동해도 '잃을 게 없다'는 사실을 경험으로 알기 때문에 부모의 말을 귀담아듣지 않고 가볍게 여길 겁니다.

약속을 지키지 않으면 얻을 것도 없다는 아픈 기억을 심어줘야 합니다. 옐로카드를 반복하면 아이는 자신도 모르게 양치기 소년이 됩니다. 레드카드가 필요한 순간이면 '아이에게 마음의 상처가 되지 않을까' '아직 어린데 너무 엄한 것 아닐까'라는 감상적인 생각을 버리고 과감히 퇴장시키는 결단을 내려야 합니다.

다만 레드카드를 사용한 뒤에는 반드시 빠른 시일 내에 재도전의 기회를 만들어주어야 합니다. 앞의 상담 사례에 비춰 이야기하면, 원래 가려고 했던 여행지로 다시 여행 계획을 잡는 것입니다. 여행 도중에 돌아온 날로부터 2~3개월 내에 다시 여행 계획을 세우는 게 좋습니다. 물론 출발 전에 아이에게 기차에서 뛰지 않겠다는 약속을 받는 것은 필수입니다.

"이번 여행에서도 기차에서 쿵쿵거리며 뛰어다닐 거야?"

"아니요."

"정말이지?

"네, 얌전히 있을게요."

"그럼 이번에는 네가 약속을 지킬 거라고 믿을게."

이번 여행의 목적은 아이가 지난번 일을 통해 배운 게 있는지 그 성과를 체크해보기 위한 것입니다. 만약 아이가 부모와의 약속대로 기차에서 얌전히 군다면 이 가족은 무사히 목적지에 도착할 수 있습니다. 아이는 '약속을 지킨 결과 아주 즐거운 하루를 보낼 수 있었다'라는 만족감과 행복감을 느끼게 됩니다. 지난번에 약속을 어겨 중간에 집으로 돌아간 경험과는 전혀 다른 것입니다. 그렇게 여행을 마치고 돌아오면 아이가 약속을 지킨 것에 대해 크게 칭찬해주어야 합니다. 이런 경험은 부모의 말에 무게를 실어주고, 약속을 지키는 일이 얼마나 중요한지를 가르쳐줄 수 있는 아주 좋은 기회입니다.

이런 실질적인 체험을 되풀이하는 것은 약속을 지키지 않는 아이에게 해줄 수 있는 최고의 훈련입니다. 말로만 '해도 되는 일'과 '안 되는 일'을 일러주며 아이를 교육시키겠다는 것은 그야말로 부실 육아이며, 공허한 울림에 불과합니다.

예를 들어 아이가 매일 밤 스스로 양치질을 하면 생일에 장난감을 사주기로 약속했습니다. 아이는 처음 며칠 동안 이 약속을 제법 잘 지켰습니다. 그런데 얼마 지나지 않아 양치질을 빼먹기 시작합니다. 이런 경우 미리 생일 선물을 사두었다고 하더라도 "약속을 지키지 못했으니까 선물은 없어"라고 말한 뒤 선물을 생략하는 게 좋습니다. '이미 샀는데 아깝잖아…'라는 생각에 숨겨놓았다가 '충분히 반성하게 했으니까 줘야지'라고 생각하면 안 됩니다. 올바른 아이로 키우기 위한 기회비용이라고 생각하면 됩니다. 사용하지 않은 물건을 버리는 것은 돈을 버리는 것과 같기 때문에 분명 아깝다는 생각이 들 것입니다. 하지만 이는 아이에게 '약속을 어기면 안 된다'라는 것을 알려줄 수 있는 가장 좋은 기회입니다.

▋식사 중에 돌아다니는 버릇을 고치고 싶다면…

우선 아이와 "밥 먹는 동안에는 자리에 앉아 있도록 하자"라고 약속합니다. 만약 아이가 좋아하는 간식이 있다면 "약속을 어기면 간식 없어"라고 미리 말해둡니다. 아이가 식사 중 제자리에 앉아 있지 않고 돌아다니면 "간식은 엄마만 먹는다"라고 경고합니다. 그럼에도 아이가 곧바로 자리에 앉지 않으면 식탁 위에서 아이의 간식을 치워버립니다. 밥은 아이의 성장에 꼭 필요한 것이고 생존을 위한 가장 기본적인 음식이기 때문에 치워

서는 안 됩니다. 하지만 간식은 먹어도 그만, 안 먹어도 그만이
므로 주지 않아도 됩니다.

기 싸움에서 이겨야 하는 이유

예의를 잘 지키는 아이를 싫어하는 사람은 없습니다. 많은 부모가 자신의 아이에게 예의범절을 가르치려고 노력합니다. 그런데 부모의 마음을 아는지 모르는지 아이들은 그야말로 천방지축입니다.

공공장소에서 소리를 지르고 뛰어다니거나 지하철, 버스, 식당의 의자에 신발을 신고 올라가기 일쑤입니다. 마트에서 장난감을 사주지 않는다며 떼쓰고 우는 것은 물론이고 올라가는 방향의 에스컬레이터에서 반대로 뛰어 내려가는 등 위험한 행동도 서슴지 않습니다. 아이들은 일부러 부모를 당황하게 하고 여러 사람에게 피해를 주려고 이런 행동을 하는 게 아닙니다. 자기조절능력이 부족하고 충동적이기 때문에 예의범절과 공공질서를 지키기 어려운 것뿐입니다. 물론 개중에는 하나밖에 없는 자기 자식의 기를 죽이기 싫다는 이유로 버릇 없는 아이의 행동을 모른 척 하는 부모도 있습니다. 극장에서 소리를 지르는 아이에게 조용히 하라고 주의를 시키면 "아이들이 다 그렇지. 왜 유별나게 굴어요?"라고 오히려 적반하장으로 불쾌감을 표하는 부모도 있습니다.

요즘은 외둥이가 많다 보니 아이는 집에서 왕 같은 대접을 받습니다. 할머니와 할아버지도 "내 새끼가 최고야"라는 말을 달고 삽니다. 그래서 아이들은 학교에 입학하기 전 자신이 최고라는 생각을 하게 됩니다. 어떤 행동을 해도 특별하게 저지를 당하지 않습니다. 그런데 학교에 입학하면 처음으로 '해서는 안 되는 일' '하지 말아야 하는 일' 등의 규칙을 만나게 됩니다. '괜찮다' '잘한다'라는 말만 듣고 살던 아이들에게 이런 상황은 속된 말로 '멘붕 상태'를 불러옵니다.

부모가 아이의 잘못된 습관을 바로잡아줄 수 있는 때를 놓치면 아이는 타인과의 관계에서 문제를 일으키는 것은 물론 아이 자신의 안전도 보장

할 수 없는 상황이 됩니다. 무엇보다 세상은 혼자 살 수 없으며 다른 사람들과 더불어 살아가야 하는 곳입니다. 당신의 귀한 아이가 다른 사람에게 따가운 눈총을 받고 손가락질당하는 걸 바라지 않을 겁니다. 아이가 귀하다고 예의범절 교육을 소홀하게 되면 아이는 물론이고 부모 자신도 힘들어집니다. 그러다가 부모가 통제할 수 없는 지경에 이르면 "우리 아이는 왜 이렇게 유별난지 모르겠어요"라며 상담실을 찾아와 하소연을 합니다.

그런데 공공장소에서 예절을 지키지 않는 아이의 가정을 보면, 상황 통제의 주도권이 부모가 아닌 아이에게 있는 경우가 많습니다. 아이의 페이스에 엄마가 휘둘린다는 말입니다. 상황이 이렇다 보니 부모의 말에 권위가 있을 리 없습니다. 예를 들어 엄마가 오랜만에 친구들을 만나 점심을 먹고 있습니다. 그런데 아이가 식당에서 뛰어다닙니다. 주변 사람들의 눈치를 보던 엄마가 아이를 붙잡아 앉힙니다.

"얌전히 있겠다고 약속했지. 여기 스파게티 맛있어. 너 스파게티 먹고 싶다고 했잖아. 오랜만에 친구들 만나서 이야기하고 있으니까 엄마 옆에 얌전히 좀 앉아 있어."

이렇게 말한 뒤 엄마는 다시 친구들과의 수다에 빠져들고, 아이는 또다시 식당을 뛰어다니기 시작합니다. 주변 사람들의 눈치가 보이지만 엄마는 주변의 시선보다 오랜만에 만난 친구들과의 수다가 더 중요합니다. '애들이 다 그렇지 뭐'라는 자기합리화를 하며 형식적으로 아이에게 주의를 줄 뿐입니다.

이런 상황이 반복되면 아이는 약속이라는 개념이 약해집니다. 떼를 쓰면 모든 일이 해결되기 때문에 부모와의 약속은 야단을 피하기 위한 것이 되고 맙니다.

물론 아이를 교육하는 일이 말처럼 쉽지는 않습니다. 야단치고, 화를 내고, 어르고, 달래기에 지친 부모들이 먼저 백기를 들고 '다 한때다'라고 생각하며 아이에게 휘둘립니다. 물론 아이의 의사를 존중하고 자존감을 지켜주는 일은 매우 중요합니다. 하지만 아이의 의사를 존중한다는 것이 '아이 뜻대로' '아이 마음대로' '아이가 내키는 대로' 행동해도 된다는 의미는 결코 아닙니다. 아이를 진정으로 사랑한다면 아이에게 빼앗긴 주도권을 되찾아오고, 삶의 가장 기본이 되는 예의범절과 약속의 중요성을 가르쳐주어야 합니다.

아이의 권리를 어디까지 허용해야 할까?

Q. 요구가 받아들여지지 않으면 계속 울어댑니다

주변에서 고집이 세다는 아이를 많이 봤지만 솔직히 우리 아이처럼 고집이 센 아이는 보지 못했습니다. 어제 오랜만에 온 가족이 외식을 하기로 했습니다. 남편이 불고기를 먹으러 가자고 하자 아이가 회전초밥이 먹고 싶다면서 울기 시작했습니다. 평소에도 하고 싶은 게 있으면 일단 울기부터 시작하는 아이입니다. 남편도 이런 아이의 성향을 알고 있기 때문에 아이가 울자 짜증이 났던 모양입니다. "울지 않고 좋은 말로 부탁하면 초밥 먹으러 갈 거야"라고 말했지만 아이는 더욱 크게 울면서 '초밥'을 외칠 뿐이었습니다. 항상 자신의 요구가 관철될 때까지 울어대는 다섯 살짜리 아이를 달래는 일이 지긋지긋할 정도입니다. 어떻게 하는 것이 좋을까요?

아마도 이번 상담 사례는 우리 주변에서 자주 볼 수 있는 일일 것입니다. 아니, 어쩌면 일어나지 않아도 되는 일일지도 모릅니다. 아이가 떼쓰고 고집을 피우는 일이 일어나지 않도록 부모가 미연에 방지한다면 그런 일은 일어나지 않을 것입니다.

일반적으로 외식을 하기로 결정하면 부모들은 대부분 아이에게 "뭐가 먹고 싶어?"라고 물어보면서 아이가 원하는 메뉴를 자유롭게 선택하도록 합니다. 부모와 아이가 원하는 것이 다를 경우 "그래, 아들이 좋아하는 피자가 좋겠어"라며 부모가 양보하거나 "우리 아들이 회전초밥이 먹고 싶다고 하니 그렇게 해줍시다"라고 엄마가 교통정리를 합니다. 아이가 원하는 사항을 최우선시하는 것이 당연한 일인 것처럼 되어버린 가정이 많다는 이야기입니다.

특히 외식에서 아이가 원하는 메뉴로 결정하는 엄마들은 대부분 '평소 남편이 아빠로서 아이에게 그다지 신경을 써주지 않으니 오랜만에 하는 외식이니만큼 아이가 원하는 것을 들어주자'라고 생각합니다. 아무래도 사회생활에 쫓기는 아빠가 엄마보다 아이에게 무관심할 수밖에 없고, 무엇보다 이럴 때 아이의 말을 들어줌으로써 가족 모두 좋은 기분으로 식사를 하고 싶은 마음일 겁니다. 아빠 역시 비슷한 생각을 가지고 있어 엄마의 이런 결정을 따르려고 노력합니다. 식사 메뉴보다 중요한 게 가족의 화목이라고 생각하기 때문이지요. 외식 메뉴 하나를 두고 아이와 신경전을 벌이는 것이 어른답지 못한 행동이라고 생각하는 사람도 있습니다.

사실 외식은 그 자체가 이벤트이다 보니 어느 음식점을 가든 즐거운 일일 겁니다. 하지만 이런 상황은 아이가 귀중한 경험을 할 수 있는 아주 중요한 기회이므로, 아이를 위해서라도 부모가 결정한 선택을 따르도록 하는 게 좋습니다.

'돈을 내는 사람은 아빠'라는 사실을 상기시킵니다

앞의 상담 사례를 보면 아빠는 불고기, 아이는 초밥을 먹고 싶어 합니다. 아빠의 제안에 아이는 울음을 터뜨리며 초밥 집에 가자고 조르기 시작합니다. 이때 아이가 아무리 떼를 써도 "회전초밥도 맛있지만 숯불구이 불고기도 맛있어. 그러니 따라와"라고 말한 뒤 아이를 숯불구이 전문점으로 데리고 가야 합니다. 아이가 가지 않겠다고 끝내 고집을 부리면 '돈을 내는 사람은 아빠'라는 사실을 말해주고 억지로라도 따르게 해야 합니다.

그런데 이런 일을 강연회에서 이야기하면 반드시 "아이가 원하는 것을 들어주지 않는 것은 아이의 인권을 짓밟는 일이 아닌가요?" "결정할 수 있는 기회를 빼앗긴 아이는 자존감이 약한 아이로 자라지 않을까요?"라는 질문이 나옵니다. 아이가 싫어하는 일을 억지로 시키는 것은 아이의 인권을 짓밟는 것으로 아이를 위해 좋지 않다, 아이가 스스로 내린 결정은 중요하다, 아이의 자존감에 상처를 입혀서는 안 된다는 생각이 이 사회에 만연해 있다는 사실을 다시 한 번 확인하게 됩니다.

교육 관계자, 보육 관계자 등 아이와 관련된 일을 하는 사람들 가운데 상당수가 이런 말을 합니다. 하지만 저는 이것을 이상적인 이론가들의 이야기라고 말합니다. 물론 아이들은 자신이 납득할 수 있는 일을 스스로 선택하면서 성장합니다. 하지만 이는 아이가 어느 정도 성장한 후의 일입니다. 자존감을 길러준다는 이유로 어린아이에게 무엇이든 스스로 선택하게 해서는 안 됩니다.

아이의 인격을 지켜주기 위해 무조건적으로 허용하는 부모가 많은데, 이것이야말로 아이를 망치는 지름길입니다. 물론 갓난아기들이 배가 고파 울 때는 즉시 배를 채워줘야 하고, 기저귀에 용변을 보고 울 때는 바로 갈아줘야 합니다. 하지만 아이가 좀 더 성장하면 '기다리는 법'을 가르쳐야 합니다. 갖고 싶은 것, 하고 싶은 것을 참는 법을 배우지 못한다면 반드시 큰 문제가 생깁니다.

그래도 저녁 외식 메뉴조차 아이 마음대로 고르지 못하게 하다니 너무 잔인한 일이라고 생각합니까? 그렇다면 이를 아이가 부모의 결정을 따르도록 하는 연습이라고 생각하면 이해하기 쉬울 것입니다. 외식 메뉴를 결정하는 사소한 일지만 아이에게 참는 방법을 가르치는 아주 좋은 기회이기 때문입니다.

제가 아는 의사한테서 들은 이야기입니다. 한 엄마가 치과에 초등학교 저학년 아이를 데리고 내원했다고 합니다. 유치 한 개가 심하게 흔들려서 바로 뽑아주어야 하는 상황이었습니다.

"아무리 봐도 지금 이를 뽑아야 할 것 같습니다."

"선생님, 잠깐만요. 아이에게 뽑아도 될지 확인해보고요. 아이가 싫다고 하면 다음에 뽑을게요."

예상치 못한 아이 엄마의 반응에 당황한 의사는 다시 한 번 이야기했다고 합니다.

"어머니, 지금 흔들리는 치아를 뽑지 않으면 아이의 치열이 나빠집니다. 지금 뽑는 게 좋겠습니다."

"그렇다면 선생님이 우리 아이에게 이런 상황을 잘 알아듣도록 설명해주시겠어요?"

"아이가 싫다고 한다면 뽑지 않을 겁니까?"

"네, 아이가 원하지 않는다면 다음에 뽑고 싶어요."

"치열에 문제가 생긴다니까요!"

"그래도 아이가 싫다고 하면 어쩔 수 없잖아요. 집에 가서 알아듣도록 설명하고 아이가 하겠다고 하면 다시 치과에 올게요. 그래도 되죠?"

엄마의 이런 태도는 '아이의 비위를 맞추는 것'으로밖에 설명할 말이 없습니다.

'아이의 권리'를 오해하지 마세요

얼마 전 초등학교 2학년인 아들을 둔 엄마가 상담실을 찾아왔습니다. 이 엄마의 고민은 매일 아침 아이를 학교에 데려다줘야 한다는 것이었습니다. 엄마가 학교까지 데려다주지 않으면 아들이 교실에 들어가지 않기 때문입니다. 매일 아침 엄마는 '오늘은 혼자 보내야지'라고 마음을 먹는다고 합니다. 하지만 아이가 "학교까지 데려다줘" "엄마, 같이 가"라고 울면서 떼를 쓰면 안쓰러운 마음에 혼자 보낼 수가 없다는 것입니다.

"다른 아이들은 혼자 등교하는데, 우리 아이만 엄마를 찾아요. 언제까지 매일 데려다줄 수도 없고, 도대체 어떻게 하면 아이 혼자 학교에 갈 수 있을까요?"

이런 경우 답은 하나입니다. '엄마가 아이한테서 떨어지는 것' 외에는 방법이 없습니다. 잔인한 답이지요. "떨어지지 않으려는 아이를 어떻게 하면 좋을까요"라는 질문에 "떨어뜨려 놓아야 한다"라고 대답하니 말입니다.

어쩌면 지금까지 아이를 울리지 않기 위해, 화내지 않기 위해 노력해온 엄마에게 아이와 떨어지는 것은 어려운 일이 되었는지도 모릅니다. 아이는 현재 초등학교 2학년으로 학교 가는 시간 등 어느 정도는 반드시 엄마와 떨어져 지내야만 합니다. 그럼에도 아이가 떼를 쓰는 이유는 엄마와 떨어져 지내본 적이 없기 때문입니다. 엄마가 아이와 떨어지지 않아서 문제가 발생한 것입니다.

물론 아이가 학교에서 집단 따돌림을 당하고 있다면 문제가 다릅니다. 하지만 이 경우는 단지 엄마가 '아이가 우니까 안쓰럽다' '아이가 엄마와 함께 있지 않으면 불안해한다'라고 생각해서 발생한 문제입니다. 학교에도 혼자 가지 못하는 초등학생 아이를 만든 것이 과연 아이의 자존감을 높이는 일일까요? 그렇지 않을 겁니다.

그럼에도 여전히 "나의 육아 방침이 아이의 권리를 침해하는 건 아닐까?" 하는 우려 속에서 아이를 키우는 사람이 적지 않습니다. 심한 경우 "아동 학대는 아닐까?"라고 진지하게 고민하는 사람도 있습니다.

▌필요 이상의 '허용'이 문제입니다

도대체 왜 '아이의 권리' '아이의 자존감' '아이 스스로 결정하기'라는 단어에 부모들이 과민반응을 보이는 것일까요? 저는 그 이유를 다음 두 가지로 생각합니다.

첫째는 현재 우리 사회가 그만큼 풍요로워졌다는 것입니다. 이런 말을 하면 '풍요신봉론자'들은 바로 "풍요로워진 것이 뭐가 나쁜가요?" "다른 원인이 있을 겁니다"라고 반응합니다.

인류 역사상 물질적·경제적으로 이렇게 풍요로운 때는 우리 시대가 처음입니다. 불과 50년 전만 해도 끼니 걱정을 하며 살

왔고, 30년 전만 해도 집 전화나 텔레비전이 있는 가정이 그리 많지 않았습니다. 휴대전화가 처음 등장한 1990년대를 떠올려 봅시다. 전화를 걸기 위해 공중전화에 줄을 길게 늘어선 풍경이 낯설지 않을 것입니다.

그런데 지금 우리 아이들은 어떻습니까? 먹을 것, 입을 것, 장난감이 넘쳐납니다. 어느새 우리 아이들은 수많은 선택에 둘러싸여 있습니다. 과거에는 탁자 위에 귤밖에 없었는데 지금은 각종 주스와 탄산음료, 차, 과자, 아이스크림 등 선택의 폭이 넓어졌습니다. 텔레비전 채널만 봐도 알 수 있습니다. 텔레비전이 여러 대인 가정도 있어 '채널 선택권'이라는 단어마저 사라지고 있는 실정입니다.

현재 '자신이 쓸 물건이라면 무엇이든 선택할 수 있으므로 아이에게도 선택할 권리가 있다'라는 사고가 확산되고 있습니다. 빈곤한 나라에서는 상상할 수 없는 일이지요.

두 번째 이유는 교육적인 측면에서 '잘못된 유도'를 하는 것입니다. 예를 들어 미술학원에서 흔히 볼 수 있는 일인데, 아이의 개성을 중시하고 이를 키워주기 위해 아이가 그리고 싶어 하는 것을 마음대로 그리게 합니다. 물론 예술처럼 창조성을 중시하는 분야에서는 이런 사고방식이 당연합니다. 하지만 육아는 별개의 문제입니다. 이를 반드시 구분할 줄 알아야 합니다.

그러나 '아이의 개성 중시'라는 표어는 부모의 마음을 크게 흔들어놓습니다. 무엇이 됐든 간에 아이한테 선택하도록 기회를 주는 것이 중요하다는 생각에 많은 어른이 육아 전반에 걸쳐 필요 이상으로 이를 적용하고 있습니다.

그러면 '아이의 권리'에 현혹되지 않고 아이에게 '참는 것'을 가르치려면 어떻게 하는 것이 좋을까요? 앞에서 사례로 언급한 외식 이야기를 다시 생각해봅시다.

회전초밥을 원하는 아이에게 "아니, 이번에는 숯불구이 먹으러 갈 거야!"라고 밀어붙이는 것이 바로 '아이에게 선택할 수 없는 경험'을 하게 하는 훈련입니다. 가족이 함께하는 외식이라는 기회를 통해 아이에게 선택할 수 없는 때도 있다는 것을 가르쳐야 합니다.

대화 1

"오늘 저녁은 외식할까?"

"엄마, 나는 회전초밥!"

"아빠는 숯불구이를 드시고 싶대. 그러니 오늘은 숯불구이 먹으러 가자."

대화 2

"주말인데 외식 어때?"

"엄마, 나는 회전초밥! 저번에는 숯불구이 전문점에 갔잖아."

"미안하지만 아빠는 만두가 먹고 싶다고 하시네. 그러니 만두 먹으러 가자."

이런 식으로 반복하다 보면 아빠가 원하는 것을 우선시하고, 아빠의 제안을 받아들이는 것을 가르칠 수 있습니다. 그러는 동안 아이는 자신이 먹고 싶어 하는 음식을 사주지 않는다며 될 대로 되라는 식이 될 것입니다. 아이가 포기할 때쯤 적당한 때를 봐서 "오늘은 네가 정해도 좋아"라고 시험 삼아 제안해봅니다.

그러면 아이는 "어? 정말? 내가 정해도 돼?"라며 깜짝 놀랄 것입니다. 지금까지 자신이 원하는 메뉴를 외면당했기 때문에 자신의 의견이 받아들여졌을 때의 기쁨은 이루 말할 수 없을 것입니다. 어쩌면 의외로 "지난번에 갔던 숯불구이 전문점에 가고 싶어"라고 말할지도 모릅니다. 아이가 이렇게 말한다면 아빠 역시 기쁠 것입니다. 처음에 무조건 "싫어! 회전초밥이 좋아!"라고 우겼던 아이이기 때문입니다.

그렇다고 아이의 요구를 무조건 외면하라는 뜻은 아닙니다

일생을 살다 보면 무수한 선택의 기로에 놓이게 됩니다. 아이들 역시 일상에서 무수히 많은 선택을 해야 합니다. 그 선택을 통해 인간은 실패하고, 좌절하고, 성장하고, 성공합니다. 저는 지금 아이의 선택을 무조건 무시하라는 게 아닙니다. 아이가 요구하는 것을 무조건 외면하라는 말이 아닙니다.

아이의 선택은 물론 존중되어야 합니다. 하지만 현대 사회에서 아이들은 지나치게 많은 선택권이 있습니다. 부모들이 지나칠 정도로 너그럽기 때문입니다. 이에 어딘가 한 부분, 이것만큼은 아이가 따라줘야 할 부분을 남겨둬야 한다는 것입니다. 외식 메뉴를 정하는 일 외에 다른 것도 좋습니다.

어른들도 자신이 납득할 수 없는 일은 하기 싫습니다. 하지만 세상을 살다 보면 불합리한 요구일지라도 받아들이지 않으면 안 되는 경우도 있습니다. "저는 납득할 수 없는 일은 죽어도 할 수 없어요. 아니, 하기 싫어요. 도대체 제가 왜 그 일을 해야 하죠?"라고 이야기한다면 문제가 생길 때마다 직장을 바꿔야 할 것입니다. 상대에게 적당히 요구도 하고, 상대의 요구도 받아주는 등 사회생활을 해나가려면 다양한 커뮤니케이션이 필요합니다.

그러므로 아이가 자신의 뜻이 관철되지 않았다고 울며불며 떼를 쓸 때 어떻게 달래야 할지를 생각해선 안 됩니다. '자신의 요구가 받아들여지지 않는 일도 있다'라는 경험을 해보도록 하는 것이 아이의 장래를 위해 더 유익한 일이라고 생각합니다.

아이의 요구를 어디까지 들어줘야 할까?

"나 저 로봇 가지고 싶단 말이야! 왜 안 사줘!"

"오늘은 엄마가 돈을 안 가지고 왔다니까. 다음 번에 사줄게. 그런데 사람들 많은 데서 창피하게 왜 이래!"

"엄마 카드 있잖아! 지갑에 카드 있는 거 다 봤다고!"

로봇 앞에서 엄마와 기싸움을 벌이던 아이가 끝내 마트 바닥에 드러누워 서러운 울음을 터트립니다. 마트가 떠나가라 울며 무조건 로봇을 사내라고 소리를 지릅니다. 엄마는 주변 사람들의 시선을 느끼고 아이를 달래기 위해 애쓰지만 아이는 자신의 요구가 받아들여질 때까지 울음을 그칠 기미를 보이지 않습니다. 결국 엄마가 "아휴, 내가 네 고집 때문에 못 살아! 애가 도대체 누굴 닮아 이렇게 고집이 센지 몰라. 알았다. 알았어. 로봇 사줄게"라고 백기를 든 뒤에야 상황은 마무리됩니다. 요즘 마트 장난감 코너에서 흔히 볼 수 있는 모습입니다.

고집 센 아이들을 보면 대부분 자기주장이 강합니다. 원하는 것이 뚜렷하고 요구사항이 많으며 '안 된다' '할 수 없다'라는 말을 받아들이지 않습니다. 자신의 마음에 들지 않으면 일부러 반항적인 행동을 보여 부모의 마음을 아프게 하기도 합니다.

고집 센 아이들은 유독 "안 해!" "싫어!" "몰라!" "사줘!"라는 말을 많이 합니다. 부모와 기싸움을 벌이는 것이지요. 고집에 심술까지 있는 아이라면 부모는 그야말로 속수무책이 되고 맙니다.

아이들과의 주도권 싸움에서 지고 만 부모들이 공통적으로 하는 말이 있습니다.

"아이를 이기지 못하겠어요."

"저렇게 울고불고 하는데 마음이 너무 아파요. 또 어릴 때 하고 싶은 일을 하지 못하게 하면 자존감에도 문제가 생긴다고 해서…."

부모의 지나친 허용과 관용이 아이를 고집쟁이로 만든 경우입니다. 아무리 어린아이라도 '해서는 안 되는 일'을 분명히 가르쳐서 행동의 한계선을 알려주어야 합니다. 마트에서 고집 부리는 아이를 예로 들어보겠습니다.

마트 장난감 코너에서 고집을 부리는 아이를 둔 엄마는 처음에는 장난감을 사줄 수 없다고 단호하게 말합니다. 하지만 아이가 고집을 꺾지 않고 더욱 큰 소리로 울어대면 주변 사람들의 시선을 의식해 결국 아이가 원하는 장난감을 사주게 됩니다. 이때 아이가 배우는 것은 바로 '고집을 부리고 떼쓰면 원하는 것을 얻어낼 수 있다'라는 사실입니다. 부모가 먼저 '안 된다'라고 말했으면 어떤 일이 있어도 실행해야 하는데, 아이의 눈물에 마음이 약해져 스스로 그 약속을 어기고 마는 것입니다.

부모가 무조건 받아주기만 하면 책임감과 배려심 없는 아이로 자랍니다. 성인이 되어서도 문제가 생기면 스스로 해결하지 않고 언제나 부모가 해결해주기를 기다리게 됩니다. 신체적으로는 성장했는데 정신적 성장이 멈춘 '어른 아이'가 될 수도 있습니다.

물론 고집쟁이 아이가 모두 문제가 있는 것은 아닙니다. 강한 독립심과 자립심이 고집으로 나타나는 경우도 있고, 부모의 관심을 끌기 위해 고집을 피우는 경우도 있습니다. 이런 경우 부모의 입장에서는 고집일 수 있겠지만 아이의 입장에서는 주장이나 주관일 수 있습니다. 따라서 아이의 기질적 특성을 잘 이해하고 그에 맞춰 대처해야 합니다. 문제는 실현 불가능한 일을 막무가내로 요구하는 아이들입니다.

흔히 말하는 아이의 자존감은 무조건적인 허용과 관용으로 높여주는 게 아닙니다. 누가 봐도 말도 안 되는 고집을 부리는 아이에게는 반드시 단호한 모습을 보여주어야 합니다. '안 되는 이유'를 설명해주었는데도 고집을 피운다면 아이를 달래는 행위를 멈추고 더 이상의 타협은 없다는 태도를 보여주어야 합니다.

제멋대로인 아이, 고집을 부리는 아이, 떼쓰는 아이를 변화시킬 수 있는 방법은 한 가지입니다. '안 되는 것은 아무리 떼를 써도 절대로 해줄 수 없다'라는 것을 가르치는 부모의 단호한 태도입니다.

부모라면 누구나 아이를 질책이 아닌 사랑으로 키우고 싶을 것입니다. 하지만 무조건적인 사랑은 아이를 망칩니다. 아이가 고집 부리는 것을 아이의 권리라고 착각해선 안 됩니다. 아이가 고집을 피운다고 무조건 화내는 부모도 바람직하지 않지만, 떼쓰는 행위를 '아직 어린아이니까'라는 이유로 무조건 허용하는 것 역시 좋은 부모의 모습이 아닙니다. 다시 한 번 말하지만 아이가 막무가내로 고집을 피울 때는 이에 대처하는 원칙을 만들고, 원칙에서 벗어나는 행동을 하면 절대 이를 허용하지 말아야 합니다.

규칙이 없는 것보다 '깨진' 규칙이 더 문제다

Q. 컴퓨터 게임 때문에 집안이 전쟁입니다

아이들의 게임 문제로 머리가 너무 아픕니다. 집에서 아이들한테 '하루에 한 시간'을 게임 시간으로 정해놓았습니다. 그런데 약속된 한 시간이 다 되어가면 아이는 표정까지 시무룩해지며 조르기 시작합니다. "엄마, 제발! 나 지금 너무 중요한 순간이란 말이야. 내일 할 시간에서 10분만 가져다 쓸게!" 처음에는 오죽 재미있으면 저럴까 싶어 허락했는데, 최근에는 '미리 가져다 쓰는 시간이 10분, 20분씩 늘어나고 있습니다. "너 어제 10분 더 했으니까 오늘은 50분만 하는 거야!"라고 말하는 순간 아이는 입을 삐죽거리며 화난 표정으로 불만스러운 마음을 드러내기 시작합니다. 게임 금지령을 내린 것도 아니고 아이를 생각하는 마음에 하루 한 시간씩 게임 시간도 허락해줬

느데, 이런 상황을 어떻게 하면 좋을까요? 초등학교 1학년 남자아이입니다.

A. 약속을 어겼다면 게임을 금지하는 날을 만듭니다

앞의 상담 사례를 얼핏 보면 엄마의 행동에 별 문제가 없어 보입니다. '게임은 하루에 한 시간'이라는 약속을 만들었고, 아이가 미리 가져다 쓴 내일의 게임 시간은 다음 날 그만큼 줄이고 있으니까요. 하지만 자세히 들여다보면 이 엄마는 지금 엄청난 실수를 하고 있습니다.

아이가 엄마에게 가져다 쓴 시간을 돈이라고 생각해보기 바랍니다. 은행 등에서 돈을 빌리는 경우 당연히 이자가 붙습니다. 공짜로 돈을 빌려주는 곳이 없기 때문에 100만 원을 빌렸다면 100만 원만 갚는 것으로 해결되지 않습니다. 이자를 갚지 않고 자꾸 돈을 빌린다면 빚은 엄청나게 불어납니다.

아이가 '게임은 하루에 한 시간'이라는 약속을 어기고 시간을 꿔갔습니다. 그런데 아이가 미리 가져다 쓴 시간만큼만 게임 시간을 줄인다면 "100만 원을 빌렸으니까 100만 원만 갚으면 된다"라고 말하는 것과 같습니다. "제가 빌린 것은 100만 원이지만 80만 원밖에 갚을 수 없습니다"라며 떼를 쓴다면 어떻게 될까요?

약속을 지키지 않으면 반드시 패널티를 줍니다

시간을 돈으로 바꿔 조금 더 생각해봅시다.

한 사람이 은행에서 돈을 빌렸습니다. 처음에는 빌린 액수가 적었지만 계속해서 빌리다 보니 빚이 누적되어 어느새 1억 원으로 큰 액수가 되었습니다. 그런데 이 사람이 집을 한 채 사려고 합니다.

이미 1억 원의 빚이 있는 사람에게 은행은 쉽게 돈을 빌려주지 않을 겁니다. 이 사람은 돈을 빌려주지 않는 은행을 욕하며 제3금융권과 지인에게서 돈을 빌립니다.

이렇게 해서 원하는 집을 장만했지만 결국에는 빚을 갚지 못해 파산신청을 하게 됩니다. 파산신청을 하면 분명 빚은 탕감되겠지만 일정 기간 신용카드도 가질 수 없게 되고, 고가의 자동차나 부동산도 압류당하게 될 것입니다. 제가 말하고 싶은 것은 빌린 돈은 무슨 일이 있어도 반드시 갚아야 한다는 것입니다. 빌린 액수가 얼마 되지 않더라도 이를 제때 갚지 않으면 신용에 문제가 생기고, 빌린 액수가 갈수록 늘어나면 이자가 눈덩이처럼 불어날 것입니다.

정도가 심해지면 무언가 제한을 받거나 자유를 구속당하는 일이 필연적으로 일어날 것입니다. 약속을 어기면 반드시 그 대가를 치러야 합니다. 세상에 공짜는 없습니다. 이것이 우리가 사는 세상의 룰입니다.

이번 상담 사례의 엄마는 아이에게 무이자, 무담보로 돈을 빌려주고 이를 받아내지 못하는 상태에 놓여 있습니다. 아이에게 되돌려받지 못할 것을 알면서도 계속 돈을 빌려주며 수수방관할 뿐입니다. 이는 절대 옳은 행동이 아닙니다.

저라면 아이가 시간을 빌리면 하루 게임을 금지하겠습니다. 스마트폰이나 컴퓨터 게임에 이미 재미를 붙였는데 갑자기 하지 못하게 한다면 아이의 입장에서는 화나고 괴로운 일이 아닐 수 없습니다. 아이는 울고, 화를 내고, 물건을 던지기까지 할지 모릅니다.

그러나 부모는 동요해선 안 됩니다. 아이가 화를 내며 난폭하게 굴어도 "네가 지금 상황을 제대로 파악하지 못한 것 같으니 모레도 게임 금지야!"라고 선언해야 합니다.

하루라도 좋아하는 게임을 할 수 없으면 아이는 울며불며 떼를 쓰겠지요. 숨이 넘어가게 울거나, 온몸으로 방바닥을 구르며 자신의 분노를 표출할 수도 있습니다. 이런 아이의 모습을 보면서 마음 편할 부모는 없습니다. 아이를 화나게 하는 것이 두렵다거나 '저렇게 원하는데 이건 너무 심한 거 아닌가'라는 생각에 마음이 약해질 수도 있습니다. 하지만 흔들려선 안 됩니다. 더는 아이에게 휘둘려선 안 됩니다. 약해지려는 마음을 단단히 잡고 '게임은 하루에 한 시간'이라는 약속을 반드시 지키도록 만들어야 합니다.

혹시 "다시는 안 그럴게!" "엄마, 미워! 나 밥 안 먹을 거야!" 라며 격분해서 우는 아이에게 폭력을 휘두른다든가, 아이의 격해진 감정이 안타까워 '아이가 규칙을 어겼다' 라는 가장 중요한 행동을 그냥 지나쳐버려서는 안 됩니다. 이런 상황을 어떻게든 변화시켜 아이가 약속을 지키도록 만들어야 합니다. 이를 위해선 '하루 동안 게임 금지' 라는 극단적인 방법을 실행에 옮겨야 합니다.

아이의 '기본적인 권리'와 '특권'은 다릅니다

흔히 아이의 권리를 빼앗지 말라고 하지만 부모에게는 아이의 '특권' 을 빼앗을 권리가 있습니다. 특권은 '반드시 지켜져야만 할 아이의 기본적인 권리' 와는 다른 것입니다.

만약 이번 상담 사례에 대한 해결 방안으로 '규칙을 어겼으니까 저녁밥을 주지 않는다' 라고 결정했다면 어떤 생각이 듭니까? 여기에는 분명 큰 문제가 있습니다.

배가 고프면 밥을 먹는 것은 인간이 살아가는 데 있어 기본적인 권리입니다. 몸이 더러워지면 깨끗하게 씻는 일, 발달 과정에 따라 제대로 된 학습을 받아야 하는 것 등이 바로 기본적인 권리입니다. 이를 억제하는 것은 '학대' 라는 말로 비난받아야 마땅합니다.

아이들은 오락을 위해 게임기나 컴퓨터를 부모한테서 선물받기도 하고, 세뱃돈이나 용돈을 모아 스스로 장난감을 사기도 합니다. 아이들에게 상당히 즐거운 일이기는 하지만 이것들이 없다고 해서 건강상 문제가 생기는 것은 아닙니다. 이처럼 게임을 한다든가, 컴퓨터를 사용한다든가 하는 것은 기본 권리가 아니라 특별한 권리, 즉 특권입니다.

부모는 아이의 기본적인 권리를 지켜줄 의무가 있습니다. 하지만 특권을 자유롭게 사용하도록 할 의무는 없습니다. 특권으로 말미암아 아이의 생활이 엉망이 되거나 학습에 문제가 있다고 판단되면 상황에 따라 부모가 이를 통제해도 괜찮습니다. 하지만 현재 사회 분위기를 보면 특권을 빼앗아선 안 된다고 굳게 믿는 사람이 많습니다. 말 그대로 특별한 권리를 아이의 기본 권리라고 잘못 인식하고 있는 것입니다.

부모가 기본적인 권리와 특권을 제대로 구분하지 못하면 아이를 훈육하는 데 혼란을 일으키게 됩니다.

가정의 규칙과 맞닿아 있는 것이 사회의 규범입니다

축구 경기에서 심각한 반칙을 범하면 경고의 의미로 옐로카드를 받습니다. 옐로카드를 두 장 받은 선수는 레드카드를 받고 즉시 퇴장당합니다. 축구는 원래 11명이 하는 경기인데, 한 명이 퇴장당하면 10명이 뛰어야 합니다. 자기 팀에 큰 피해를 끼치게 되는 것입니다. 게다가 레드카드를 받은 선수는 다음 시합에 나갈 수 없다는 규칙이 있습니다.

판정에 불복해서 심판을 모욕하는 발언을 하거나 스포츠맨십에 어긋나는 행동을 하면 벌은 더욱 무거워지고, 앞으로 있을 시합에도 나갈 수 없는 사태까지 벌어집니다. 그럼에도 자신의 행동을 반성하지 않고 적반하장으로 분노를 표출하면 팀에서 방출될지도 모릅니다.

운전면허도 마찬가지입니다. 사소한 법규를 위반했다고 즉시 운전면허를 취소당하는 일은 없지만 사소한 법규 위반이 누적되거나 큰 법규를 위반했을 때는 면허가 취소되기도 합니다. 사회에서 규칙을 어겼을 때는 그에 따른 값을 치러야만 합니다. 그리고 이것이 누적되면 제재를 받게 됩니다. 이것을 가정 내에서 미리 경험해두는 것은 매우 중요합니다.

게임 시간을 빌려쓸 때마다 '하루 동안 게임기를 사용할 수 없는 날'이 생긴다면 아이는 자신의 즐거움을 빼앗기지 않기 위해 규칙을 지킬 수밖에 없습니다.

아이가 이성을 잃고 화를 내도 규칙은 규칙이기 때문에 끝까지 밀고 나가 부모의 뜻을 관철시키기 바랍니다. 부모가 단호한 모습을 보이면 '아무리 화를 내고 떼를 써도 결국 손해 보는 것은 자기 자신이다'라는 사실을 굳이 아이에게 설명하지 않고도 전달할 수 있습니다.

가정의 규칙을 지키는 연습을 해두지 않으면 사회 규범을 지킬 수 있는 인간으로 성장할 수 없습니다. 아이를 훈육할 때는 '아이가 이 모습 그대로 사회에 나간다면 어떻게 될까?'라는 생각을 떠올리기 바랍니다.

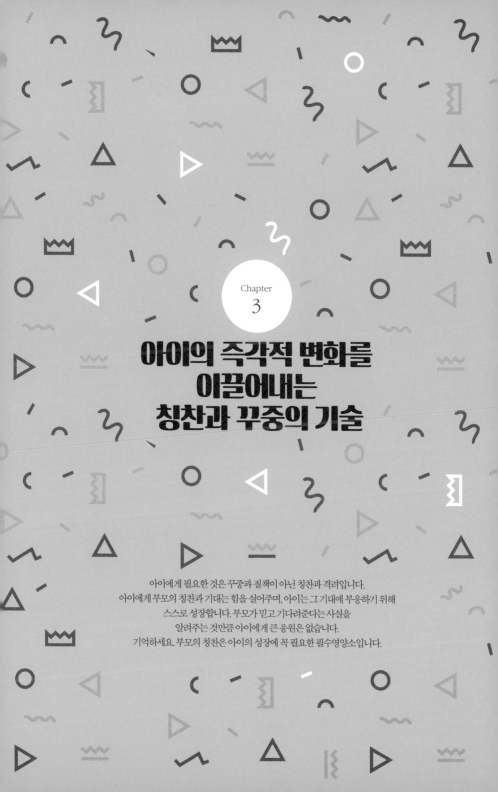

Chapter
3

아이의 즉각적 변화를
이끌어내는
칭찬과 꾸중의 기술

아이에게 필요한 것은 꾸중과 질책이 아닌 칭찬과 격려입니다.
아이에게 부모의 칭찬과 기대는 힘을 실어주며, 아이는 그 기대에 부응하기 위해
스스로 성장합니다. 부모가 믿고 기다려준다는 사실을
알려주는 것만큼 아이에게 큰 응원은 없습니다.
기억하세요. 부모의 칭찬은 아이의 성장에 꼭 필요한 필수영양소입니다.

1만 번이라도 칭찬해주겠다는 생각

Q. 거실을 잔뜩 어지럽힐 뿐 정리 정돈을 할 줄 모릅니다

다섯 살 남자아이인데, 주변 사람들이 입을 모아 유별나다고 할 정도로 호기심이 왕성하고 활동적인 성격입니다. 전형적인 개구쟁이라고 할 수 있죠. 적극적인 성격은 좋은데 놀고 난 다음이 문제입니다. 놀고 나서 자신이 어질러놓은 것을 치우는 법이 없어요. "장난감이나 책은 제자리에 가져다 두어야지"라고 아무리 말해도 듣는 둥 마는 둥합니다. 입으로만 알았다고 대답할 뿐 정작 행동으로는 옮기지 않습니다. 화를 내거나 다그쳐도 그때뿐입니다.

주변의 또래 아이들을 보면 완벽하지는 않지만, 기본적인 정리 정돈은 할 줄 알더군요. 엄마이기 전에 저도 사람인지라 아이 뒤치다꺼리를 하다 보면 때론 지치고 화도 납니다. 이제 충분히 알아들을

아이의 즉각적 변화를 이끌어내는 칭찬과 꾸중의 기술

수 있는 나이가 아닌가요? 치우고 나면 얼마 지나지 않아 발 디딜
틈 없이 어질러진 거실을 보는 게 너무 큰 스트레스입니다. 어지를
줄만 알고 치울 줄 모르는 아이를 어떻게 해야 할까요?

A. 끊임없는 칭찬이 아이를 변화시킵니다

아이가 있는 집이 잡지에 나오는 집처럼 깨끗하고 깔끔하기
란 사실상 어려운 일입니다. 그렇다고 365일, 24시간 엄마가 따
라다니며 모든 것을 정리해주는 것은 불가능한 일이죠. 아이들
이 정리 정돈을 제대로 못 하는 건 집중력이 부족한 데 반해 호
기심은 왕성할 시기이기 때문입니다. 오죽하면 왼손에는 자동
차 장난감을 쥐고 오른손으로는 스케치북에 그림을 그리는데,
엉뚱하게 강아지를 그리는 아이도 있었겠습니까. 마치 어디로
튈지 모르는 팝콘 같다고나 할까요?

특히 생활 습관의 기본이 되는 정리 정돈하는 습관을 들이는
것은 말처럼 간단하고 쉬운 일이 아닙니다. 엄마들은 '기본'이
라고 생각하지만 아이들에게는 '기본'이 아니기에 더욱 그렇습
니다.

아이는 엄마를 화나게 하려고 일부러 어지르는 게 아닙니다.
그저 거실을 장난감으로 어지럽힌 뒤 정리가 필요하다는 사실
을 수용하지 못할 뿐입니다. 어쩌면 아이가 나서기 전에 먼저 치

워주는 사람이 있거나, 아이가 정리 정돈은 자신의 일이 아니라고 생각할 수도 있습니다. 치우는 것은 엄마의 몫이라고 생각하는 거죠.

아무튼 여기서 문제 해결의 중요한 포인트는 바로 엄마의 질문 안에 있습니다. '이제 충분히 알아들 수 있는 나이'라는 표현이 바로 그것입니다. 충분히 알아들을 수 있는 나이의 아이라고 생각하기 때문에 "여기!" "제자리에!"라고 반복하고 있을 확률이 높습니다. 충분히 할 수 있다고 생각하는데 이를 하지 않는 아이를 보니 실망할 수밖에 없는 거죠. '그렇게 말했는데도 이 모양이야?' '알아들으면서 일부러 안 하는 거야, 아니면 진짜 못 알아듣는 거야?' '옆집 아이는 누가 시키지 않아도 자

기 물건을 스스로 정리하던데 우리 아이는 왜 저러지?'라고 생각하다가 결국에는 "어서 제자리에 가져다 두지 못해!"라고 버럭 화를 내게 됩니다.

이런 고민을 가진 엄마에게 육아서나 육아 잡지, 교육 컨설턴트들 대부분은 "함께 정리해주세요" 또는 "쉽게 정리할 수 있는 수납함을 준비해주세요"라고 조언합니다.

결론부터 말하자면 이런 조언은 임시변통일 뿐 아무런 도움이 되지 않습니다. 물론 부모가 함께 거실을 정리하고, 수납함을 마련해주면 아주 잠깐이지만 변화가 일어나겠지요. 이런 모습을 보면 엄마들은 '아이가 변하고 있구나' '몇 번 같이하다 보면 스스로 정리하는 습관을 들이겠지'라고 생각하게 됩니다. 하지만 아이가 이렇게 행동한다고 해서 사용한 물건을 '정리 정돈하는 습관'이 몸에 뺐다고 말할 수 없습니다. 정리 정돈하는 습관을 갖지 못한 아이에게 이런 습관을 만들어주고자 한다면 특별한 방법이 필요합니다.

▌할 수 있는 일을 맡기고, 했다면 꼭 칭찬하세요

교육 상담을 하다 보면 참으로 다양한 아이들을 보게 됩니다. 자폐증이나 발달장애로 일상생활에서 곤란을 겪고 있는 아이에게 정리 정돈하는 방법을 가르치기도 합니다. 이들 중 유독 언어 발달이 늦은 아이가 많은데 결국 시간이 걸리긴 하지만 정리 정돈 정도는 스스로 알아서 할 수 있게 됩니다. 그것도 전혀 야단치지 않았는데 말입니다. 그 비결은 다음과 같습니다.

눈앞에 반드시 정리해야 할 물건이 10개 정도 있습니다. 이럴 경우 우선 엄마가 먼저 하나, 둘, 셋 숫자를 세면서 순서대로 물건을 정리합니다. 처음에는 엄마가 주도적으로 정리하다가 마지막 세 개 정도, 즉 나머지 여덟, 아홉, 열 번째 물건은 아이를 위해 남겨둡니다. 다소 시간이 걸리고 정리하는 게 서툴러 답답해도 아이의 행동을 가만히 지켜봅니다. 이는 아이에게 말끔히 정리 정돈을 했다는 경험을 심어주는 데 그 목적이 있습니다.

참고로 아무리 똑똑한 아이라도 엄마의 말을 기억했다가 그대로 실행하기는 어렵습니다. 따라서 아이가 엄마의 말을 몇 가지나 기억할 수 있는지, 그중에서 몇 가지를 실행할 수 있는지 살펴봐야 합니다.

처음에는 한두 가지 일을 시키다가 세 가지, 네 가지로 차츰 늘려나가는 것입니다. "자동차는 장난감 상자에 넣고, 책은 책꽂이에 꽂자"에서 "자동차는 장난감 상자, 책은 책꽂이, 공책은 책상에 가져다 두자"라는 식입니다. 아이의 능력을 확인한 뒤 그에 맞는 요구를 해야 한다는 뜻입니다.

그리고 아이의 정리 정돈이 부모가 하듯 말끔해야 한다는 기대는 처음부터 하지 않는 것이 좋습니다. 어설프더라도 스스로 정리를 시작한 행동에 주목하고 만족해야 합니다. 정리를 시작했다는 것은 노력하고 있다는 의미입니다. 또한 노력한다는 것은 앞으로 얼마든지 좋은 습관을 들일 가능성이 있다는 뜻입니다. 이렇게 작은 노력이 하나둘 쌓이다 보면 어느 순간 누구의 도움 없이도 스스로 정리하는 아이의 모습을 보게 될 겁니다.

아이들의 생활 습관은 하루아침에 이뤄지는 게 아니라 꾸준한 반복 훈련을 거쳐야 합니다. 앞서 언급했듯 처음에는 반드시 엄마의 도움이 필요합니다. 여기서 중요한 것은 "제자리에 가져다 둬"라는 말이 아니라 직접 치우고 정리하는 엄마의 행동입니다. 그리고 아이가 성취감을 느끼도록 칭찬하는 말도 빼놓아서는 안 됩니다.

이때 단순히 말로 하는 칭찬으로 끝낼 것이 아니라 "어머나! 모두 제자리에 잘 정리했네!"라고 말하면서 아이를 정리한 물건 앞에 앉혀두고 엄마는 아이의 뒤편에서 정리한 수납함을 함께 치워야 합니다. 이렇게 마지막 세 개의 물건을 정리하는 것이 가능해지면 반드시 칭찬을 해줍니다.

"정말 잘했네!" "훌륭하네!" "역시 우리 딸이야!" 등 뭐든 좋습니다. 무조건 칭찬해줍니다. 칭찬은 아이의 얼굴이 기쁨으로 가득 찰 때까지 이어져야 합니다. 이 말은 '지금 아이를 칭찬해준다'라는 엄마의 자기만족에 그쳐서는 안 된다는 뜻입니다. 칭찬은 과할 정도로 차고 넘치게 해주어야 합니다.

우리 아이들의 행동 기준은 사실 자아실현이나 자기만족, 성취욕구 등과는 거리가 멉니다. 그저 엄마의 기분을 좋게 만드는 것, 엄마를 기쁘게 만들어 자신의 행동을 인정받고 칭찬받고자 하는 마음이 더 강합니다. 실제로 부부싸움이 잦은 가정의 아이들은 싸움의 원인이 자신일지도 모른다는 생각에 불안해하고 눈치를 많이 봅니다. 부모에게 칭찬받고 싶은데, 칭찬은커녕 자신이 싸움의 원인일지도 모르니 불안해할 수밖에 없습니다. 이런 환경에서 성장해 정서가 불안한 아이들을 대할 때는 무조건 칭찬을 해야 합니다. 바싹 마른 화분에 수분을 충분히 공급하는 것처럼 칭찬을 아끼지 말아야 합니다.

엄마에게 아이는 자신의 분신이고 아이에게 엄마는 세상의 전부입니다. 그러므로 세상의 전부인 엄마에게 칭찬받고 인정받고 싶은 욕구가 드는 것은 너무도 당연한 일입니다. 그러니 아이를 칭찬하는 일을 어색하게 생각해선 안 됩니다. 다소 호들갑스럽고 주책이라는 생각이 들 정도로 칭찬해도 좋습니다.

이런 이야기를 하면 "아이가 몇 개 치우지도 않았잖아요" "마음에서 우러나오는 칭찬도 아닌데, 그렇게까지 할 필요가 있을까요?"라고 묻는 사람들이 있습니다. 틀린 말은 아닙니다. 그럼에도 제 대답은 '넘치는 칭찬은 반드시 필요하다'라는 것입니다. 차고 넘치는 칭찬을 통해 아이가 진심으로 기뻐하고 뿌듯해하는 모습을 확인해보길 바랍니다.

자, 여기까지 잘 이해가 되었나요? 그렇다면 다음 단계로 넘어갑니다. 지금까지 우리는 정리할 열 개의 물건 중 엄마가 일곱 개를 정리하고 아이가 세 개를 정리할 수 있게 했습니다. 아이가 이를 잘 수행하고 있다면 아이의 몫을 천천히 늘려나갑니다. 세 개였던 것을 네 개, 다섯 개로 늘려나가다가 최종적으로는 아이 혼자 모든 것을 정리하도록 합니다.

아이가 혼자 정리를 끝냈다고 해도 사실 엄마가 다시 정리해야 할 때가 많습니다. 엄마의 눈으로 봤을 때 아이들의 손길은 서툴기 그지없으니까요. 결론적으로는 엄마가 정리한 게 맞지만, 아이는 자신이 정리를 끝냈다는 성취감을 갖게 됩니다. 이것이 바로 핵심입니다.

게다가 이 방법은 '모든 물건을 제자리에 정리하면 엄마가 기뻐한다' 라는 것을 실제로 깨닫게 해줍니다. 아이는 기뻐하는 엄마의 모습에 기분이 좋아져 다음에도 스스로 정리 정돈을 하고, 이런 행동이 반복되면 습관으로 정착됩니다.

일부 학자들은 "단순히 칭찬받기 위해서 하는 행동은 본질적인 것이 아니다"라고 비판합니다. 하지만 이는 현장에서 아이들을 상대해보지 않은 사람들의 말입니다. 한마디로 아이들의 성향을 잘 모르고 하는 말인 것입니다. 엄마의 칭찬을 받기 위한 아이들의 행동은 전혀 문제될 게 없습니다. 아이들에게 엄마의 칭찬이 없어도 정리 정돈 그 자체의 기쁨을 느끼는 순간이 오기 때문입니다.

꾸중의 악순환에서 벗어나세요

문제는 아이가 도무지 정리할 줄 모른다고 하소연하는 엄마들 대부분이 이런 방법을 사용하지 않는다는 데 있습니다.

다른 집 아이들도 다 그렇게 한다든가, 독립심을 키워줘야 한다든가, 응석받이로 만들고 싶지 않다는 등의 이유를 들어 아이 혼자서 정리 정돈하는 습관을 들이려고 합니다. 처음부터 엄마는 도와주지 않고 열 개 모두를 아이 혼자 정리하게 합니다. 열 개의 장난감이 모두 정리될 때까지 기다리는 엄마들을 보고 있자면 그 인내심에 감탄하게 됩니다.

언젠가 블록 장난감에 심취한 여섯 살 아이를 만난 적이 있습니다. 이 아이는 다른 장난감에는 도통 흥미를 보이지 않고 종일 블록 장난감만 가지고 놀았습니다. 이 아이도 정리 정돈과는 거리가 멀었는데, 참다못한 엄마가 아이를 쫓아다니며 "다 놀았으면 블록 치워"라고 잔소리를 퍼붓기 시작했습니다. 그런데 며칠 후 이 엄마는 놀라운 사실을 깨달았습니다. 어느 순간부터 아이가 블록을 가지고 놀지 않는 것이었습니다.

"아들, 요즘 왜 블록놀이 안 해? 재미없어?"

"아니, 블록은 재미있어. 하지만 치우기가 너무 힘들어. 그래서 블록놀이 하기 싫어."

아이의 대답에 깜짝 놀란 엄마는 그 뒤로 아이에게 '치우라'는 소리를 하지 않았다고 합니다.

이것이 과연 한 가정에 국한된 문제일까요? 아닙니다. 여전히 여기저기서 엄마들의 화난 목소리가 들려옵니다. 아이가 정리 정돈에 흥미를 잃고 이미 그만뒀음에도 엄마들은 더욱 신경질적으로 야단을 칩니다. "너 진짜 엄마 말 안 들을래?" "대체 누굴 닮아 이 모양이야!" "몇 번을 말해야 알아듣겠니!" 결국 아이들은 '엄마한테 야단맞지 않으려면 꼭 정리를 해야 해!' '치우는 게 너무 싫어!'라고 생각해 정리하는 일 자체에 흥미를 잃어버리게 됩니다. 그러다가 엄마의 잔소리에 화가 난 아이들은 정리 정돈하는 것을 싫어하게 됩니다. 문제의 원인은 정리 정돈에 있는데, 아이의 머릿속은 엄마의 잔소리로 가득 차 있습니다. 정리 정돈이 문제가 아니라 엄마의 잔소리가 듣기 싫어 더욱 삐딱하게 나옵니다. 결국 엄마의 신경질도 덩달아 세지는 악순환에 빠져드는 것입니다.

"모두 제자리에 가져다 놓으라고!" "다음엔 저기!" "여기도 있잖아!" "아직 정리할 게 남아 있으니 빨리 치워!"라고 야단치듯 질책하는 엄마의 잔소리가 끊이지 않는다면 아이는 지금 억지로 정리하고 있는 것입니다. 그러니 그런 상황이 참을 수 없을 만큼 싫을 것입니다. 이런 방식이라면 어른이라도 기분 좋을 리 없습니다.

무엇보다 아이가 정리 정돈에 흥미를 잃지 않도록 하는 것이 중요합니다. 아이들이 게임에 몰두했을 때 배가 고프거나, 피곤한지도 모르는 것은 게임이 재미있기 때문입니다. 흥미를 잃으면 재미를 잃게 되고, 재미를 잃으면 하기 싫어집니다. 아이들이 공부를 싫어하는 이유도 여기에 있습니다. 공부에 흥미를 잃으니 재미가 없는 것입니다. 정리 정돈이든 공부든 아이들이 흥미를 잃지 않도록 만들어주는 게 가장 중요합니다.

아이들에게 흥미를 심어주는 데 가장 좋은 방법이 바로 칭찬입니다. 아무리 어려운 일이라도 칭찬받으면 '한번 해볼까?'라는 생각이 드는 게 사람입니다. 칭찬을 받으면 행동이 변합니다. 이것은 육아에서 중요한 포인트입니다.

칭찬에는 상대의 행동을 인정한다는 뜻도 포함되어 있습니다. 어린 시절부터 부모의 칭찬과 인정을 많이 받고 자란 아이들은 누구보다 긍정적이고 자신감이 넘칩니다. 좀처럼 화를 내거나 분노하는 일 없이 자신의 감정을 잘 조절할 줄 압니다. 부모한테서 긍정적인 태도를 물려받았기 때문입니다.

예를 들어 아이가 바지에 음료수를 쏟았을 때 "거 봐, 거 봐, 내가 너 이럴 줄 알았어! 엄마가 똑바로 들고 먹으라고 했지! 너 때문에 정말 못 살겠어!"라고 버럭 화를 내는 엄마들이 있습니다. 아이는 당연히 엄마의 눈치를 보게 되고 변명부터 하게 됩니다. 문제는 아이도 엄마의 이런 성향을 닮아간다는 것입니다. 친구들의 사소한 실수에도 버럭 화를 내거나, 자신의 실수를 감추기 위해 먼저 소리를 지르는 식입니다. 문제는 유치원이나 초등

학교에 진학하면서 일어납니다. 친구들과 어울려 지내면서 소리 지르고 화를 내는 방식으로 자신이 원하는 것을 얻어내려고 합니다. 그러다 보면 공격적인 성향으로 문제를 일으키기도 합니다.

반대로 "어차피 빨아야 할 바지니까 괜찮아. 그런데 다음부터는 음료수를 먹을 때 좀 더 조심하고 신경 쓰면 좋겠어"라고 이야기하는 엄마가 있습니다. 이런 엄마 밑에서 자란 아이들은 사회성이 뛰어납니다. 감정의 기복도 심하지 않아서 집중력이 좋을 수밖에 없습니다.

아이에게 화를 내고, 벌을 세우고, 매를 들면 아이가 변할 거라는 기대는 하지 않는 것이 정신건강에 이롭습니다. 당근이 아닌 채찍은 아이를 주눅 들게 하고, 눈치 보게 만들며, 소심하고 공격적인 아이로 만들기 쉽습니다. 제대로 된 버릇을 심어주려는 부모의 마음과 달리 역효과만 날 뿐입니다.

실패해도 '하려고 한 것' '발전한 것'에 대해 칭찬해주세요

이는 정리 정돈하는 습관 외에 다른 생활 습관을 들이는 데도 적용됩니다. 얼마 전 아이가 용변을 가리지 못한다고 하소연하는 엄마를 만났습니다. 그런데 엄마의 행동을 보니 아이가 용변을 가리지 못하는 게 이해가 됐습니다. 사람이 많은 공공장소에서도 "뭐야! 너 또 오줌 쌌어? 쉬야가 마려우면 말을 하라고 했지!"라고 소리 지르며 아이의 엉덩이를 때리는 것이었습니다. 엄마가 속상한 만큼 아이의 수치심도 크다는 사실을 모르는 듯했습니다.

처음 용변 훈련을 시킬 때 엄마들은 이렇게 말합니다. "쉬 하고 싶으면 엄마한테 말해!" "지금처럼 바지를 내린 다음에 쉬 해야지 안 그러면 바지를 적시는 거야!" 그런데 아무리 말해도 아이들의 실수는 좀처럼 나아지지 않습니다. 그렇다면 어떻게 하는 것이 좋을까요? 칭찬하면 됩니다. 이런 경우라도 야단치지 않고 말입니다. 새로운 습관을 들일 때 꾸중은 불필요한 일입니다.

아무리 말해도 소변을 가리지 못하고 바지를 적시는 아이를 둔 엄마의 불안하고 불편한 마음은 충분히 이해합니다. 미처 빨지 못해 세탁 바구니에 쌓여 있는 이불과 바지만 봐도 절로 한숨이 나올 것입니다. 특별히 발달이 늦은 것도 아닌데 용변을 가리지 못하니 답답하기만 합니다. 그런데 같은 화분에 심은 씨앗도 똑같은 속도로 자라지 않습니다. 같은 조건의 햇볕과 물, 토양에서 싹을 틔워도 씨앗 하나하나의 속성에 따라 성장 속도는 천차만별입니다. 그러니 내 아이가 틀린 게 아니라 다르다는 점을 받아들여야 합니다.

예를 들어 아이가 소변이 마렵다고 늦게 말해 화장실 바로 앞에서 실수를 했습니다. 그래도 아이가 "쉬!"라고 말하며 엄마를 화장실 쪽으로 끌고 갔다면 먼저 "이제 쉬 마렵다고 미리 말할 수 있구나!"라고 칭찬해줍니다. 혹은 자기 스스로 바지를 내리려던 중 실수했다면 "우와, 이제 다 컸구나! 혼자서도 바지를 내릴 수 있게 되었네!"라는 식으로 어떻게든 아이의 행동을 먼저 칭찬합니다.

이렇게 먼저 칭찬하면 아이는 실수를 하더라도 야단맞지 않기 때문에 화장실에 가는 것을 좋아하게 됩니다. 바지에 실수를 할까 봐 미리 두려워하지 않습니다. 그러는 사이에 점점 "쉬 마려"라는 말을 꺼내는 시간이 빨라지고, 혼자 바지를 내리는 것에도 익숙해집니다.

아이가 스스로 행동하기를 바란다면 '긍정하기' '칭찬하기'가 가장 빠른 방법입니다. 무한 긍정, 무한 칭찬만큼 좋은 방법은 없습니다. 다시 한 번 말하지만 아이에게 무언가 새로운 것을 가르치거나 시키고자 할 때 엄마의 잔소리와 분노, 꾸중은 필요하지 않습니다.

종종 "아이의 버릇을 바로잡으려면 당근과 채찍을 적절하게 사용할 줄 알아야 한다"라고 말하는 사람이 있습니다. 한편으로는 일리 있는 말입니다.

하지만 아이들은 서너 살만 지나도 자아가 형성되어 자신이 원하는 것을 주장하기 시작합니다. 그러면 엄마는 아이를 자신의 뜻대로 통제하려 들고 아이는 매일매일 새로운 말썽으로 엄마의 한계를 실험합니다. 이 전쟁에서 이성과 논리는 존재하지 않습니다. 그저 자신이 원하는 것을 얻기 위해 목청이 찢어져라 소리 내어 우는 상대 때문이죠. 오죽하면 "내 배 아파 낳은 자식이지만 정말 한 대 쥐어박고 싶어"라고 말하는 엄마들이 있겠습니까.

정말 아이의 버릇을 바로잡고 싶다는 생각을 갖고 있습니까? 그렇다면 지금 당장 채찍을 버려야 합니다. 당근만으로도 충분합니다. 거듭 말하지만 새로운 습관이 몸에 배도록 하려면 야단을 치지 말아야 합니다. 부모가 아이에게 화를 내는 것은 대부분 자신의 분노가 극에 달했을 때입니다. 그렇다 보니 아무리 이성적으로 이야기하려고 해도 "꼴 보기 싫다" "어디 네 맘대로 해 봐라" 등의 감정적 표현이 섞일 수밖에 없습니다.

물론 아이의 잘못된 행동을 바로잡기 위한 목적으로 채찍을 사용하지만, 이것이 잘못되면 아이와 부모의 관계 자체가 어려워질 수 있습니다. 부모는 아이를 '말 안 듣는 녀석'으로, 아이는 부모를 '화만 내는 신뢰할 수 없는 사람'으로 생각하게 됩니다.

말이 길어졌는데, 결론적으로 아이에게 올바른 습관을 들이고 싶다면 아이가 어떤 행동을 할 때 나쁜 짓이 아닌 경우 '끈질기게 야단치는 것'이 아니라 '끈질기게 칭찬'을 해줘야 합니다.

칭찬으로 행동이 변하는 것은 어른들도 마찬가지입니다. 야단과 꾸중 듣는 것을 좋아할 사람은 없습니다. 누가 끊임없이 자신의 잘못을 지적하고 잔소리하는 사람과 친하게 지내고 싶겠습니까. 향기 좋은 꽃이 벌과 나비를 부르듯 자신을 칭찬하는 사람과 가까이 지내고 싶은 게 인지상정입니다. 그리고 누구보다 칭찬하는 사람의 말을 잘 듣고 따르기 마련입니다.

지금부터 이를 증명할 수 있는 간단한 게임을 진행해보려고 합니다. 일종의 미션 수행 게임입니다. 가정에서도 얼마든지 할 수 있으니 가족들과 함께 해보기 바랍니다.

예를 들어 거실에 세 명의 어른이 있다고 합시다. 이 중에서 A와 B는 거실에 남아 있고, C는 밖으로 나갑니다. 이때 거실에 남아 있던 두 명은 밖으로 나간 C에게 어떤 미션을 줄 것인지 결정합니다. 두 사람은 '거실 창문의 커튼 치기'를 미션으로 정했습니다. 이제 밖에 있던 C가 거실로 들어옵니다.

C는 자신의 미션이 무엇인지 모르는 상황이므로 거실 이곳저곳을 돌아다니며 살핍니다. C의 눈을 가릴 필요도 없고 행동을 제약할 필요도 없습니다. C는 자신이 원한다면 손으로 만질 수도 있습니다. 그런데 이때 거실에 남아 있던 두 사람, 즉 A와 B는 말을 할 수 없습니다. 이것이 이 게임의 룰입니다. C가 자신들의 미션, 즉 목표물에 가까이 가면 손뼉을 치거나 고개를 끄덕일 수는 있습니다. 단지 우리가 여기서 표현하는 '채찍', 이를테면 부정적인 표현은 사용할 수 없습니다. "앗! 거기 아냐!" "틀렸어!"라고 말하는 듯한 표정이나 시늉을 해선 안 됩니다. 손뼉은 C가 커튼 앞에 다가가는 시점이거나, 이런 행동을 한 직

후 1초 이내에 치는 게 좋습니다. 손뼉 치는 시간이 늦어지면 C 는 상당히 혼란스러울 것입니다.

이 게임에서 C가 유일하게 의지할 수 있는 것은 두 사람의 박수 소리뿐입니다. 박수 소리가 커지는 쪽으로 움직이고, 소리가 멈추면 행동을 바꾸는 시행착오를 겪으며 미션의 목표물에 다가갑니다. 박수 소리는 C를 거실 창문 가까이로 이끌 것입니다. 그리고 마침내 커튼을 만지도록 유도할 것입니다. 그 순간 박수 소리가 커지면 미션의 범위는 좁아집니다. 이제 커튼을 치는 것은 시간문제입니다.

이 게임에서 말이 아닌 박수 소리는 "좋았어!" "잘했어!"라는 칭찬과 같은 역할을 합니다. 만약 C가 거실 창문의 커튼이 아닌 테이블 위의 물컵을 만지면 손뼉 치던 사람은 '그게 아니라고' '아니, 저 바보! 도대체 지금 뭐하고 있는 거야?'라고 생각할 것입니다.

그럼 이런 생각들을 전부 말로 표현한다면 어떻게 될까요?

아이가 곧바로 정리 정돈을 하지 않을 때 "아직도 정리 안 했어!" "왜 정리를 못 하는 거니?" "이게 다 치운 거야? 아직 정리할 게 남아 있잖아!"라고 야단치는 것과 똑같습니다. 단 한 마디의 격려나 칭찬 없이 야단만 치는 엄마 앞에서 과연 정리 정돈하고 싶은 아이가 있을까요? 정리 정돈 자체가 싫어지는 것이 너무도 당연하다는 생각이 들지 않습니까?

1만 번 칭찬의 기적

"지금 아이한테 충분히 칭찬을 해주고 있어요"라고 말하는 엄마도 있을 거라고 생각합니다. 하지만 실은 마지못해 억지로 칭찬하면서 '나는 지금 충분히 칭찬을 해주고 있어'라고 생각하고 있는 건 아닌지 자신의 솔직한 마음을 들여다보아야 합니다.

"아이가 아무리 말썽을 부려도 되도록 야단치지 않으려고 노력해요"라고 말하는 엄마들도 있습니다. 아이를 야단치지 않는 것과 칭찬하는 것은 다릅니다. 아이를 야단치지 않을지 모르지만 칭찬도 해주지 않는 건 아닐까요?

엄마가 충분히 칭찬했든 그렇지 않든 그것은 정말 중요하지 않습니다. 칭찬받은 당사자, 즉 아이가 엄마의 칭찬에 만족했느냐 그렇지 않았느냐가 중요합니다. 아이가 기쁨에 가득 찬 얼굴로 엄마의 칭찬을 기대하는가 하는 것이 중요합니다. 이것이 바로 내 아이를 면밀히 바라보고 관찰해야 하는 이유입니다.

칭찬 없이도 아이를 잘 키울 수 있다고 생각하는 엄마들이 의외로 많습니다. "애가 그 정도 하는 건 당연한 것 아닌가요" "칭찬할 만한 일을 해야 칭찬하죠. 항상 말썽만 부리는데 무슨 칭찬을 하겠어요"라고 말하는 엄마들이 있습니다. 이런 엄마들은 아이의 행동이 긍정적으로 변해도 그 변화가 미미하다는 이유로 좀처럼 칭찬하려고 하지 않을 것입니다.

거실에 늘어놓은 열 개의 장난감 중 단 한 개라도 아이 스스로 치웠다면 이를 칭찬해주어야 합니다. 아이가 새로운 모양의 블록을 만들었다면 이를 칭찬해주어야 합니다.

장담컨대 칭찬은 아이를 행복하게 만듭니다. 칭찬은 아이를 성장하게 합니다. 그리고 무엇보다 칭찬은 아이와 엄마의 관계를 돈독하게 만듭니다. 아이에게 올바른 습관을 정착시키고 싶다면 1만 번이라도 칭찬해주겠다는 생각으로 듬뿍 아이에게 칭찬 선물을 해주세요. 칭찬은 분명 당신의 아이를 춤추게 만들 것입니다.

첫돌 이전의 아이에게 칭찬하는 법

엄마들은 종종 "이렇게 어린 아이가 무슨 말을 알아듣겠어요"라고 말하곤 합니다. 하지만 신생아도 상대방의 표정을 보고 흉내를 낼 수 있습니다. 첫돌 이전 아이라도 엄마의 기분을 감지합니다. 미국 워싱턴대학에서 수십 년간 영아 발달을 연구해온 앤드루 멜조프(Andrew Melzoff) 교수는 엄마 뱃속에서 세상으로 나온 지 44분밖에 되지 않은 신생아가 보호자의 표정을 보고 따라하는 것을 발견했습니다. 아빠가 얼굴을 찡그리면 같이 찡그리고, 혀를 길게 내밀면 아기도 입 밖으로 혀를 쏙 내밀었습니다. 이것은 인간의 공감력을 만들어내는 '거울 세포' 때문입니다. 거울 세포는 마치 거울을 바라보는 것처럼 마주하고 있는 상대의 기분을 알아차리고, 그에 맞는 적절한 반응을 하게 만듭니다.

그러니 첫돌 이전의 유아라도 칭찬을 아끼지 말아야 합니다. 엄마가 진심으로 기뻐하고 이를 표현해주면 갓난아이에게도 엄마의 기쁜 마음이 전달됩니다. 그저 아이를 자신의 심장 가까이 대고 꼭 안아주거나 환하게 웃는 얼굴로 말을 걸어주는 것만으로도 충분합니다.

이때 아기가 "좀 더 칭찬해주세요" 또는 "기분이 좋아요" 등의 반응을 보인다면 엄마의 칭찬이 제대로 전달되고 있다는 신호입니다. 칭찬의 대답은 항상 아이의 반응에 있다는 사실을 잊지 말아야 합니다.

아이는 칭찬과 격려를 먹고 자란다

아이들은 비를 맞은 죽순처럼 하루가 다르게 쑥쑥 자라납니다. 매일 보는데 '언제 이렇게 컸지?'라는 생각이 들 정도로 아이들의 성장 속도는 아주 빠릅니다. 아이들이 너무 빨리 자라서일까요? 엄마들이 아이의 신체적 · 정신적 · 정서적 성장 속도를 따라가지 못한다는 느낌이 듭니다. '나는 이렇게까지 하는데 너는 왜 그것조차 못 하니?'라고 생각하는 부모가 많기 때문입니다.

"제가 많은 것을 바라나요? 그저 자기가 놀던 장난감만 제자리에 가져다 놓으라는데 그것조차도 제대로 못 해요. 아니 안 해요. 치우고 돌아서면 또다시 어지르고, 온종일 아이 뒤만 쫓아다니며 치우는데도 집이 항상 엉망이니 여간 스트레스가 아니에요. 아이에게 치우는 습관을 만들어주고 싶은데 어떻게 해야 하죠?"

아이를 키우다 보면 하루에도 몇 번씩 야단을 쳐야 하는 상황이 벌어집니다. 아이들은 실수와 잘못을 반복하며 성장하기 때문이지요. 그런 와중에도 아이는 부모의 칭찬과 격려를 통해 올바르게 성장합니다. 야단과 꾸중, 질책은 아이의 성장을 방해할 뿐 아무런 도움이 되지 않습니다.

칭찬을 자주 들으면 자신감이 충만하고 자존감이 높은 아이로 성장합니다. 언제, 어디서든 자신의 목소리를 낼 줄 알며 상처 입은 친구를 위로하고 도움이 필요한 친구에게 손을 내밀 줄 압니다. 하지만 꾸중과 잔소리를 먹고 자란 아이는 자신감이 부족하고 매사를 부정적으로 바라보게 됩니다.

장난감을 치우지 않는 아이에게 "너 진짜 계속 이럴 거야? 이럴 거면 장난감 갖고 놀지 매"라고 말하는 것과 "우리 아들, 신나게 놀았어? 자동차를 제자리에 가져다 놓으면 마트 가려고 엄마가 기다리고 있는데"라고 말하는 것 중 어느 것이 더 효과적일까요? 무조건 "이게 뭐야! 빨리 거실 치워"라고 말하기보다 "이제 다 놀았어? 그럼 자동차는 장난감 상자에 넣고, 책은 책장에 꽂아놓으면 좋겠는데"라는 식으로 설명을 통해 어떻게 해야 하는지 구체적으로 말해줍니다. 무조건 "안 돼" "하지 마"보다 아이가 어떻게 행동해야 하는지를 가르쳐주는 게 더 효과적입니다. 실수를 반복하는 아이의 행동이 답답하다고 해서 엄하게 야단치고 꾸짖어봤자 아이의 행동은 고쳐지지 않습니다. 엄마의 이야기를 잔소리로 여기고 자기 자신에 대한 부정적인 이미지를 갖게 될 확률이 높습니다. 아이가 장난감을 치운 뒤에는 "우와, 장난감을 벌써 다 치웠네! 잘했어"라기보다 "우리 아들, 더 놀고 싶었을 텐데 엄마와 한 약속을 잘 지켜줬네. 아들이 치워주니까 거실이 다 환하다"라며 아이의 마음을 달래주면 어떨까요?

상담실을 찾은 엄마들에게 이런 말을 자주 해드립니다.

"아이에게 좋은 습관을 만들어주는 게 부모가 남겨줄 수 있는 최고의 유산이고, 아이가 살아가는 데 꼭 필요한 무기가 되어줄 겁니다."

그런데 엄마들이 아이들에게 좋은 습관과 바른 습관을 만들어주기 위해 가장 흔히 쓰는 방법이 잘못을 지적하고 꾸중하는 것입니다. 엄마가 아이를 야단치는 이유는 불안해서입니다. 아이가 제대로 자라지 못할까 봐, 다른 아이들에게 뒤처질까 봐, 엄마의 말을 제대로 듣지 않을까 봐 잔소리를 하는 것입니다.

다시 한 번 말하지만 아이에게 필요한 것은 꾸중과 질책이 아닌 칭찬과 격려입니다. 아이에게 부모의 칭찬과 기대는 힘을 실어주며, 아이는 그 기대에 부응하기 위해 스스로 성장합니다. 부모가 믿고 기다려준다는 사실을 알려주는 것만큼 아이에게 큰 응원은 없습니다. 부모의 칭찬은 아이의 성장에 꼭 필요한 필수영양소 역할을 합니다.

부모가 정한 규칙의 함정

어린데 벌써 충치가 생겼습니다. 그래서 식사 후에는 반드시 양치질하는 습관을 들이려고 노력하는데, 아이가 잘 따라주지 않습니다. 칫솔을 들고 쫓아다녀도 도무지 양치할 생각을 하지 않습니다. '식사 후 30분 이내에 양치질하기'라는 규칙을 정했지만 이것 역시 제대로 지키지 않습니다. 참다못해 "양치질했어?"라고 물으면 그때서야 마지못해 세면대로 갑니다. 때마다 일러주지 않으면 양치질하는 것을 잊어버린 듯 행동합니다. 도대체 어떻게 하면 아이에게 양치질하는 습관을 들일 수 있을까요?

아이가 혼자서 세수하고, 밥도 혼자 먹을 수 있는 나이가 되면 고집이 생깁니다. 그리고 아이가 원하는 게 많아지면 이와 비례해 집안에서 지켜야 할 규칙도 늘어납니다. 밖에서 놀다 들어오면 반드시 손 씻기, 밥 먹으면서 텔레비전 보지 않기, 밤 10시 이전에 잠자리에 들기 등이 바로 그것입니다.

규칙이 많은 가정의 엄마들과 이야기하다 보면 크게 두 가지의 대답을 들을 수 있습니다. "우리 아이는 엄마와 한 약속을 잘 지켜요. 스스로 규칙을 지키니 잔소리할 일도 없고 아주 편해요"라고 긍정적으로 대답하는 엄마가 있는가 하면 "규칙을 정하면 뭐하겠어요, 아이가 지키지도 않는데 말이죠. 규칙 같은 건 포기한 지 오래됐어요"라고 말하는 엄마가 있습니다.

여기서 중요한 것은 규칙이 있다는 게 아니라 그 규칙을 어떻게 활용할 것인가입니다. 아이 키우는 것과는 다소 무관한 듯 보이는 이야기를 예로 들어 설명하겠습니다.

자동차 운전을 하다 보면 속도위반을 하거나 주차금지 구역에 차를 세워놓았던 경험이 있을 겁니다. 이때 운 나쁘게도 교통경찰에게 적발되어 범칙금 고지서를 받은 경험을 한 사람도 많을 것입니다.

당연한 일이지만 교통경찰은 운전자가 교통법규를 위반했을 때 적발합니다. '사람들이 교통법규를 제대로 지키고 있나?'라는 감시의 눈으로 시민들을 주시하다가 위반 사항이 있는 경우 단속하는 게 교통경찰의 일이기 때문이죠.

자동차 운전을 하고 있다고 가정해봅시다. 제한속도 60킬로미터 지역에서 80킬로미터로 주행했다면 CCTV에 찍힐 수도 있고 이를 단속하던 교통경찰에게 걸려 벌금을 물거나 벌점을 받을 수도 있습니다.

'아, 재수 없게 나만 걸렸네. 나보다 더 빨리 달리거나 심하게 위반하는 사람도 많은데…'라는 생각이 들어 다소 억울한 감정이 들기도 합니다. 교통법규를 위반하는 사람을 단속하는 게 교통경찰의 일이라는 걸 잘 알면서도 말입니다. 게다가 교통법규를 잘 지킨다고 해서 특별히 이득을 보는 일도 없습니다.

한편 제한속도 60킬로미터 도로에서 규칙에 따라 60킬로미터 이하로 달리는 운전자가 있습니다. 그런데 갑자기 교통경찰이 정지 신호를 보냅니다. 놀란 마음을 진정시키며 차를 세우니 경찰관이 다가와 이렇게 말합니다.

"제한속도를 지키는 당신은 훌륭한 운전자입니다. 모범 운전자인 당신을 칭찬합니다. 자, 이제 가셔도 좋습니다."

▌부모는 경찰관이 아닙니다
▌물론 현실에서 경험하기 어려운 일이지만 교통경찰에게 이런 말을 듣는다면 분명 깜짝 놀랄 것입니다. 교통경찰한테서 멈추

라는 지시를 받으면, 보통은 뭔가 잘못한 일이 있어 질책을 당할 거라고 생각합니다. 그래서 '앗! 내가 무슨 잘못을 했나?'라는 생각으로 가슴이 두근두근합니다. 아니면 예상치 못한 멈춤 신호에 "깜짝 놀랐잖아요!"라며 버럭 화부터 낼 수도 있습니다. 그런데 앞의 경우처럼 칭찬의 말을 듣는다면 그런대로 괜찮은 기분이 들지도 모릅니다. 게다가 교통경찰이 "모범 운전자시군요. 포상금으로 100만 원을 드리겠습니다!"라고 현금까지 준다면 어떨까요?

이쯤에서 교통경찰 이야기가 아이에게 지키도록 한 규칙과 무슨 상관이 있느냐는 생각이 들지도 모르겠습니다.

제가 하고 싶은 질문은 바로 "부모나 선생님이 경찰관처럼 굴지는 않습니까?"라는 것입니다. 현실적으로 교통경찰에게 칭찬 받을 거라고 생각하면서 운전하는 사람은 없습니다. 오히려 '경찰에게 걸릴 만한 일은 하고 싶지 않다'라고 생각할 것입니다. 그런데 우리 가정에서 이런 일이 비일비재하게 일어나고 있지는 않나요?

특별히 교통법규를 위반하지 않았음에도 운전 중 경찰차가 따라오면 가슴이 두근거리고, 길에서 경찰이 "잠깐만요"라고 말을 건네면 '무슨 일이지?'라고 긴장부터 하게 됩니다. 특별히 잘못한 일이 없는데도 엄마가 "잠깐만!"이라고 소리치면 '이런!'이라고 생각하는 아이가 많다는 이야기입니다.

부모가 정한 규칙을 아이에게 강요하고 있는 건 아닌가요?

이쯤에서 엄마들에게 묻겠습니다. 아이가 지키지 않는다고 말한 규칙은 누가 만든 것입니까? 단 한 번이라도 아이가 정한 규칙이 있는지 생각해봅시다. 엄마 자신이 옳다고 생각하는 일, 엄마 자신이 반드시 해야만 한다고 생각하는 일을 규칙이란 이름으로 강요하고 있지는 않습니까. 그렇다면 아이들은 엄마들에게 요구하고 싶은 규칙이 없을까요? 잔소리하지 않기, 화내지 않기, 소리 지르지 않기 등 아이들 역시 엄마에게 요구하고 싶은 규칙이 있습니다.

시도 때도 없이 소리 지르고 화내는 엄마가 일방적으로 정한 규칙을 아이에게만 지키라고 요구한다면 아이의 입장에서는 분명 부당하다고 느낄 것입니다. 설령 그것이 양치질처럼 아이의 건강과 관련된 것이라고 해도 말입니다.

아이와 규칙을 정하는 것은 부모와 자식 간의 또 다른 약속임을 잊어버려서는 안 됩니다. 아이에게 규칙을 지키라고 요구한다면 부모도 아이가 부당하다고 느끼는 일을 하지 말아야 합니다.

다시 한 번 말하지만, 부모가 정하는 규칙은 '공부 잘하는 아이로 키우고 싶다' '예절바른 아이로 키우고 싶다' '나쁜 습관을 고쳐주고 싶다'라는 생각을 바탕으로 결정되기 마련입니다. 아이 쪽에서 제안하는 경우가 거의 없습니다. 부모가 일방적으로 정한 규칙이라도 아이가 불만 없이 따른다면 크게 문제될 것은 없습니다. 하지만 아이가 규칙을 지키지 않았다는 이유로 야단치고 화를 내는 순간 문제가 시작됩니다.

아이가 규칙을 지켜도 엄마가 무관심하다면?

아이의 양치질 문제를 고민하는 엄마에게 묻고 싶습니다. "아이가 규칙을 지켰을 때 충분히 칭찬해주고 있습니까?" 물론 처음에는 잘한다고 칭찬해줬을 겁니다. 하지만 얼마 지나지 않아 이런 칭찬을 하지 않았을 가능성이 높습니다. 규칙으로 정하고 나면 지키는 것이 당연한 게 되어버리기 때문입니다. 당연히 해야 할 일을 한 것이므로 마땅히 칭찬받아야 할 일이 아닌 것이 됩니다.

그런데 하기 싫은 양치질을 억지로 해야만 하는 아이도 엄마와 같은 생각을 할까요? 아이는 엄마와의 약속을 지키기 위해 닦기 싫은 이를 매일 세 번씩 닦으려고 노력합니다.

그런데 기쁨으로 가득 차 있어야 할 엄마의 얼굴은 무표정하기만 합니다. 아니, 밀린 집안일을 하느라 아이가 이를 닦는지 안 닦는지도 모릅니다. 시선을 딴 곳에 두고 그저 입으로 "이 닦았니?"라고 확인만 할 뿐입니다. 엄마와의 약속을 지키기 위해 최선을 다하지만 자신의 행동에 무관심한 엄마를 보면 과연 그 규칙을 지키고 싶을까요?

규칙의 함정

엄마가 규칙이라고 생각하는 순간 아이는 칭찬에서 점차 멀어지게 됩니다. 이것이 바로 규칙의 함정입니다.

엄마의 입장에서 규칙은 반드시 아이가 지켜야만 하는 행동 규정입니다. 따라서 규칙을 지키더라도 굳이 칭찬할 이유가 없습니다. 하지만 아이가 이를 지키지 않으면 문제가 달라집니다. 눈에 거슬리기 시작하고, 잔소리가 늘어나며, 강제로 시키다가 결국 화를 내게 됩니다.

"지금 몇 시야?" "엄마와 한 약속을 안 지켰지?" "네가 몇 살인데 이런 것도 제대로 못 해?"라며 아이를 몰아붙이곤 합니다. 더 나쁜 점은 '동생에게 심술부리지 않기' '보기 싫은 행동하지 않기' 등 '하면 안 되는 규칙'으로 아이를 옭아매는 것입니다. 이처럼 엄마들의 강압에 따라 만들어진 규칙으로는 결코 좋은 습관을 들일 수 없습니다.

규칙으로 정한 일에 대해 '아이가 실행하는 게 당연하다'라고 생각하면 안 됩니다. 아이가 식후 30분 이내에 양치질을 잘했다면 충분히 칭찬해주어야 합니다. 아이의 기분이 좋아질 때까지 말입니다.

어른들은 식후 양치질의 중요성을 잘 알고 있어 큰 어려움 없이 습관을 들일 수 있지만 아이는 다릅니다. 식후 양치질을 하고, 외출했다가 돌아오면 손을 씻어야 하는 이유를 제대로 알지 못합니다. 자신이 왜 꼭 해야 하는지 그 이유도 모르는 아이에게 "너는 꼭 말을 해야만 하니?"라고 야단치는 것은 무의미할 따름입니다.

또 하나, 규칙을 강요하는 엄마들을 보면 혼낼 기회를 노리고 있는 것처럼 보일 때가 종종 있습니다. 이런 엄마들은 '어디 걸리기만 해봐라'라는 마음으로 아이의 결정적인 실수를 기다립니다. 아이가 식후 양치질을 하러 갈 때는 아무 말도 없다가 어느 날 잊어버리면 '너 그럴 줄 알았어'라면서 기다렸다는 듯이 꾸중을 합니다.

'하는 게 당연하다'라고 생각하는 경우 아이가 스스로 하면 이런 사실을 알지 못합니다. 그러므로 규칙 그 자체를 엄마의 머릿속에서 지워버려야 합니다. '당연한 일이 당연한 일이 아닌 게 되는 순간' 칭찬의 기회는 찾아옵니다.

칭찬 타이밍을 찾아야 하는 이유

Q. 샤워를 하려고 하지 않습니다

씻는 것을 너무 싫어하는 아이입니다. 샤워 한번 시키려고 하면 속된 말로 전쟁을 치러야 합니다. 아이와 싸우기 싫어 8시를 샤워 시간으로 정해놓았지만 이것 역시 지켜지지 않고 있습니다. 아이 아빠와 저는 매일 아침저녁으로 샤워할 정도로 씻는 걸 좋아합니다. 씻지 않으려는 아이와 실랑이를 벌이는 게 큰 스트레스입니다. 아이의 등짝을 때리고 욕실로 억지로 들여보내다 보면 문득문득 화가 치밀어 오릅니다. 다른 집 아이들은 부모가 시키지 않아도 알아서 잘 씻던데, 우리 아이는 씻을 때마다 전쟁을 치러야 하니 정말 속상합니다. 아이가 어리면 그럴 수도 있다고 하겠지만 벌써 초등학교 2학년입니다.

A. 어른과 아이의 '시계'는 다릅니다

이 질문의 경우 앞에 든 사례와 마찬가지로 스스로 샤워 준비를 시작하면 "혼자서 샤워할 준비를 하다니 대단한걸!"이라고 칭찬해주면 좋습니다.

만약 아이에게 샤워공포증이 있다고 의심되면 반드시 전문가의 상담을 받아야 합니다. 하지만 그런 경우가 아니라면 아이에게 샤워보다 더 중요하거나 재미있는 일이 있는 겁니다. 텔레비전을 보고 싶다거나 게임을 계속하고 싶다거나 배가 고프거나 졸린 상태일 수도 있습니다. 이런 욕구는 당연히 양치질이나 샤워의 욕구보다 크고 중요합니다.

만약 저녁 7시에 아이가 좋아하는 텔레비전 프로그램이 끝났다고 가정해봅시다. 아이는 이미 샤워를 할 시간이 다가왔음을 알고 있습니다. 샤워하기 싫지만 씻지 않으면 엄마에게 폭풍 같은 잔소리를 들어야 할 테니 슬슬 마음의 준비를 합니다. 그런데 이게 웬일입니까! 아이가 스스로 텔레비전의 전원을 끄고 자리에서 일어났는데 엄마는 휴대전화에 푹 빠져 있습니다. 이런 엄마의 모습을 본 아이는 다시 자리에 주저앉습니다. 엄마가 자신에게 관심이 없고 다른 일로 바쁘다고 생각한 아이는 어제 읽던 만화책을 꺼내듭니다.

그런데 때마침 휴대전화에서 눈을 뗀 엄마가 샤워도 하지 않고 만화책을 읽고 있는 아이를 발견합니다. 자신도 모르게 "너

샤워하고 만화책 읽는 거야?" "만화영화는 아까 끝났는데 뭐하고 있어"라고 언성을 높이고 맙니다.

이런 경우 아직 초등학교에 들어가기 전 아이라면 "엄마는 방금 끝난 만화영화를 못 봤으니까 샤워하는 동안 얘기해줘"라고 하면서 욕실로 유인하는 것도 한 가지 방법입니다.

만약 7시에 텔레비전 프로그램이 끝났다면 엄마가 먼저 "재미있었는데 벌써 끝났네"라며 아이가 곧바로 일어날 수 있도록 도와줍니다. 아직 샤워 습관이 몸에 배지 않았다면 엄마의 이런 지도가 반드시 필요합니다. 아이가 스스로 욕실에 들어갈 때까지 끊임없이 관심을 가지고 살펴보는 인내가 필요하다고 하겠습니다.

▌눈높이를 낮춘다는 것

엄마들과 상담하다 보면 주변에 어찌 그리 성격 좋고 능력 있는 '남의 집 남편'이 많은지 모르겠습니다. 누구 아빠는 연봉도 높을 뿐 아니라 가정적이고 주말마다 가족과 캠핑도 간다는데, 소파와 한 몸이 되어 누워 있는 남편을 보면 속이 터질 지경일 겁니다. 이렇게 게으르고 무뚝뚝한 사람인 줄 알았다면 결혼하지 않았을 텐데 하는 후회스러운 마음이 물밀 듯이 밀려옵니다. 이것 역시 '나의 기대' 때문에 일어나는 현상입니다. 기대가 컸던 만큼 실망도 클 수밖에 없습니다. 기대가 없었으면 실망할 일도 없었을 텐데 말이죠.

아이들 문제라고 다르지 않습니다. 아이의 성향이나 성격, 발달 정도에 관계없이 엄마의 기대가 높으면 실망도 커질 수밖에 없습니다. 호기심 많은 아이들은 무엇이든 경험하려고 합니다. 엄마의 뜻이 아니라 자신의 뜻대로 상황이 움직여주길 바랍니다. 문제는 호기심은 많은데 자기 통제력과 자제력이 부족한 데 있습니다. '내 아이는 특별하다'라는 생각을 버려야 합니다. 아무리 똑똑한 아이라도 다섯 살짜리 아이가 열다섯 살의 행동을 할 수는 없습니다. 엄마가 아이에 대한 기대치를 내려놓는 순간 실타래처럼 엉켜 있던 문제들의 실마리가 보입니다. 엉킨 실타래는 끊어낼 수 있지만 부모와 자식 관계는 그럴 수가 없습니다. 따라서 엉킨 실타래를 반드시 풀어야만 합니다.

혹시 아이를 꼭두각시처럼 다루고 있지는 않습니까? 엄마가 원하는 대로 조정되지 않는다고 화내고 있지는 않습니까? 아이에 대한 지나친 욕심을 버리고 아주 작은 장점이라도 찾으려고 노력해보기 바랍니다. 그러다 보면 분명 '칭찬 타이밍'을 찾을 수 있을 겁니다.

물론 칭찬 타이밍을 찾기 위해 24시간 아이 곁에 붙어 있을 수는 없습니다. 맞벌이 주부인 경우 퇴근 후 녹초가 된 몸을 이끌고 밀린 집안일을 하기도 벅차다 보니 칭찬 타이밍을 찾기가 더욱 어렵습니다. 칭찬해주려고 엄마가 아이 곁에서 계속 기다리고 있을 수는 없습니다. 하지만 실망하기는 아직 이릅니다.

엄마가 칭찬 타이밍을 찾으려고 노력하는 것만으로도 아이의 행동은 얼마든지 달라질 수 있습니다. 당연히 아이를 칭찬할 수 있는 기회도 늘어납니다. 이를 위해서는 무엇보다 엄마가 기대치를 낮추고 마음의 여유를 가져야 합니다.

눈높이는 낮추고, 관심은 높이자

Q. 아침에 혼자 일어나지 못합니다

　직장에 다니면서 아이를 키운다는 건 말처럼 쉬운 일은 아닙니다. 특히 아침마다 아이가 제시간에 일어나지 않으면 그야말로 전쟁을 치러야 합니다. 알람 소리도 소용없고 "제발 좀 일어나라"라고 몇 번이나 소리를 질러도 아이는 도무지 일어날 생각을 하지 않습니다. 출근시간에 여유라도 있으면 다행인데 회사가 멀어 7시 30분에는 집을 나서야 합니다. 제가 집을 나서기 30분 전에는 일어나야 하는데 답답한 엄마 마음을 아는지 모르는지 쿨쿨 자는 모습을 보고 있자면 화가 치밀어 오릅니다. 그 전날 일찍 잠자리에 들게 하면서 아무리 다짐을 받아도 소용없습니다. 어떻게 하면 혼자서 일어나는 습관을 들일 수 있을까요?

일과 양육을 병행하는 것이 말처럼 쉽지 않습니다. 다른 일하는 엄마들은 별 무리 없이 잘해내는 것 같은데, 자신만 서툰 것 같아서 아이에게 미안해하는 엄마가 참 많습니다. 도대체 무슨 부귀영화를 보겠다고 이렇게까지 하며 살아야 하는지 모르겠다는 이야기가 한숨과 함께 절로 나옵니다. 아이들이 엄마의 이런 마음을 알고 알람이 울리면 곧바로 일어나주면 좋을 텐데 말입니다. 만약 그랬다면 이런 질문이 올라오지 않았을 테죠?

자, 엄마는 아이가 매일 아침 7시에 일어나주길 바라고 있습니다. 하지만 아이는 엄마가 거실과 욕실, 안방을 바쁘게 오가며 "일어나! 7시야!" "너 그러다가 또 지각한다"라고 다섯 번 이상 소리 지르지 않으면 도무지 일어나질 않습니다. 드라마의 한 장면처럼 너무나 익숙한 풍경입니다.

그런데 가만히 생각해봅시다. 간혹 세 번 정도 아이의 이름을 불렀을 때 일어나는 날이 있지 않습니까? 웬일인지 평소보다 10분 빠른 6시 50분에 일어난 날도 분명 있을 것입니다. 이때가 바로 칭찬의 타이밍입니다. 이런 날은 때를 놓치지 말고 무조건 칭찬해줘야 합니다.

이를 위해서는 약간의 요령이 필요합니다. 우선 엄마의 머릿속에서 '아이가 아침에 혼자 일어나는 것쯤은 이제 할 수 있어야 하는 거 아닌가'라는 생각을 지워야 합니다. 대신 '아이가 아침에 혼자 일어나는 일은 말처럼 쉽지 않아. 어른인 나도 정말 일어나고 싶지 않은 날이 있잖아. 아직 어린데 아이 혼자 일어나는 건 무리일 거야'라고 생각해야 합니다. 이를 한마디로 정의하면 아이에게 지나친 기대를 하지 말라는 뜻입니다.

일부 교육학자는 "부모가 아이를 믿지 않으면 어떻게 합니까? 한껏 기대해주세요"라고 말하기도 합니다. 틀린 말은 아닙니다. 문제는 첫아이라서 육아에 서툴거나, 자녀교육에 대한 정보가 부족한 엄마들한테서 시작됩니다. '그래, 너무도 당연한 말이야. 내가 왜 그 사실을 잊어버렸지? 내가 믿지 못하면 누가 내 아이를 믿어주겠어. 내 아이를 믿자'라고 생각하게 됩니다. 문제는 그 믿음이 아이에 대한 기대를 불러온다는 데 있습니다. 그러면 아이의 작은 발전이 눈에 들어오지 않고, 늘 '왜 못하는 거지?'라는 의구심이 들어 화내고 꾸중하고 잔소리를 늘어놓게 됩니다.

칭찬에도 역발상이 필요합니다

앞서 말한 것처럼 기대하는 게 없으면 실망할 일도 없습니다. 이때 "도대체 지금 몇 시야? 아직까지 안 일어나고 뭐하고 있는 거야?"라고 분노하는 대신 '다 큰 것처럼 보여도 아직은 엄마의 보호와 도움이 필요한 어린아이잖아. 그러니 혼자서 일어나는 게 무리겠지. 5분만 있다가 깨워줘야지'라고 생각하는 엄마가 있습니다. 그런데 오늘은 무슨 일인지 아이가 6시 50분에 스스로 일어나 거실로 나옵니다. 이런 아이의 모습을 본 엄마는 당연히 기쁠 수밖에 없습니다. '우리 아이한테는 불가능해'라고 생각했던 일이 가능하다는 것을 알았을 때 감격하지 않을 부모는 없을 겁니다. 이때는 누가 시키지 않아도 마음속 깊은 곳에서 우러나오는 칭찬을 할 수 있습니다.

엄마는 기대를 버리고 눈높이를 낮춰 생각해야 합니다. 아이가 장난감을 치울 때 '10분 내로 이 일을 끝냈으면…'이라는 기대를 버리고, '이 일을 하는 데 30분 이상 걸리겠지'라고 눈높이를 낮추어 생각하라는 말입니다. 그렇게 하면 아이가 15분 만에 장난감을 치웠을 때 "대단한데! 정말 잘했어!"라고 실컷 칭찬해 줄 수 있습니다. 하지만 10분 내에 끝낼 거라고 미루어 짐작했다면 '뭐야! 5분이나 더 걸렸잖아!'라고 생각하게 될 것입니다.

부모는 마지노선, 즉 자신이 허용할 수 있는 최종 한계선까지 아이의 행동에 대한 기대 수준을 낮춰 생각하는 것만으로도 마음의 여유를 가질 수 있습니다. 장대높이뛰기 선수가 자신의 목표치를 뛰어넘기 위해 바의 높이를 5센티미터, 10센티미터 이런 식으로 조금씩 높여가는 것과 같습니다. 만약 슬럼프가 왔다면 자신의 평소 실력보다 약간 낮춰서 뛰어넘어도 아무런 문제가 되지 않습니다. 마음의 여유만 있다면 말입니다.

인간의 마음은 동전의 앞뒤 면처럼 양면성을 지닙니다. 마음에 여유가 있으면 상대가 실수하더라도 바다와 같은 아량을 보여줄 수 있지만, 그렇지 못할 때는 바늘 하나 꽂을 공간조차 없는 게 바로 인간의 마음이라고 했습니다. 마음의 여유만 찾는다면 "도대체 몇 번을 말해야 알아듣겠어?" "언제까지 아침마다 깨워야 하니?"라고 화내는 일도 줄어들 것입니다.

〔 아이 심리 vs 부모 심리 〕
유아기의 경험은 습관이 된다

혹시 규칙 없는 세상을 생각해본 적이 있습니까? 사람들이 줄을 서지 않고, 차들이 신호를 지키지 않는다면 그야말로 아비규환의 세상으로 변할 것입니다. 바르고 건강한 사회를 유지하기 위해 세상에는 법이 존재합니다. 그리고 굳이 법으로 정하지 않은 문제들, 예를 들어 새치기하지 않기나 대중교통을 이용할 때 어른에게 자리 양보하기 등은 관습이라는 이름으로 존재합니다. 이는 가정에서도 마찬가지입니다. 법 대신에 규칙, 관습 대신에 좋은 습관이 그 자리를 대신합니다. 그러므로 아이들은 적당한 규칙 아래서 좋은 습관을 가지고 성장해야 합니다.

요즘 외둥이 가정이 많다 보니 아이를 응석받이로 키우는 경우를 종종 봅니다. 앞에서 아이는 꾸중보다 칭찬과 격려로 키워야 한다고 말했지만, 세상을 살아가기 위해서는 적절한 규칙을 지킬 줄도 알아야 합니다. 어렸을 때부터 올바른 기본 생활 습관과 예절을 몸에 익혀야 합니다. 그렇지 않으면 어린이집이나 유치원, 즉 아이가 처음 접하게 되는 사회에서 따돌림을 당할 수도 있습니다. 고집이 세고, 제멋대로이며, 배려와 양보를 모르는 이기적인 아이라는 이유로 말입니다.

기본 생활 습관은 말 그대로 우리 일상생활에 필요한 기본적인 예의범절을 말합니다. 공공질서 지키기, 어른 공경하기, 음식 먹을 때 소리 내지 않기, 실내에서 뛰지 않기, 외출 후에는 반드시 손 씻기, 정리 정돈하기 등이 바로 그것입니다.

엄마들이 가장 많이 하는 착각 중 하나가 "때가 되면 다 한다"는 것입니다. 다음은 미국 소설가 오리슨 스웨트 마든의 말입니다.

"습관이 만들어질 때는 눈에 안 보이는 실과 같지만 그 행동을 반복하면 그 끈이 차츰 강화되고, 거기에 또다시 한 가닥씩 더해지면 굵은 밧줄

이 된다. 습관은 우리의 사고와 행동을 돌이킬 수 없게 만든다."

그렇습니다. 습관은 하루아침에 만들어지는 게 아닙니다. 어린 시절 습관을 제대로 들이지 않으면 커서도 좋은 습관을 가질 수 없습니다. 매일 늦잠을 자던 아이가 학교에 들어간다고 해서 곧바로 아침형 인간이 될 수 없다는 말입니다. 양치질하기, 샤워하기, 일찍 일어나기 등 기본적인 생활 습관은 유아기 때 만들어줘야 합니다. 이와 관련된 재미있는 일화가 있습니다.

옛날 어느 마을에 여섯 자녀를 둔 어머니가 있었는데 아이들을 잘 키우고 싶다는 간절한 마음에 현자를 찾아갔습니다.

"아이들을 잘 키우려면 어떻게 해야 합니까?"

이 이야기를 들은 현자는 어머니를 뒷마당으로 데리고 갔습니다. 그리고 여섯 그루의 나무를 가리키며 한 그루씩 뽑아보라고 했습니다. 잠시 의아한 생각이 들었지만 어머니는 첫 번째 나무 앞에 섰습니다. 이 나무는 심은 지 얼마 안 돼 쉽게 뽑혔습니다. 두 번째 나무도 그리 힘들이지 않고 뽑을 수 있었습니다. 그런데 심은 지 오래된 세 번째 나무부터는 아무리 애써도 뽑을 수가 없었습니다. 그 모습을 지켜보던 현자는 뽑히지 않는 나무와 씨름하는 어머니 곁으로 다가왔습니다.

"아이들을 잘 키우고 싶다고 하셨습니까? 아이는 이 나무와 같습니다. 오래된 습관은 깊은 나무 뿌리와 같아서 한번 뿌리를 내리면 도무지 바꿀 수가 없습니다. 그러니 어린 자녀들에게 좋은 습관이 뿌리 내리게 해주십시오. 그것이 바로 성공하는 자녀로 키우는 지름길입니다."

스스로 하는 아이 vs 혼나지 않으려고 하는 아이

Q. 엄마를 도와주는 아이가 되었으면 좋겠습니다

"어떻게 딸을 저렇게 잘 키웠지"라는 주변 엄마들의 칭찬이 끊이지 않는 아이를 두었습니다. 실제로 아이는 초등학교 3학년이 되면서 자신이 사용한 그릇을 싱크대에 가져다 놓거나 이부자리를 정돈하는 등 '스스로 해야 할 일'로 정한 일들은 단 한 번도 어기지 않고 잘해주고 있습니다. 그런데 무슨 고민이 있느냐고요? 바로 스스로 해야 할 일이 문제입니다. 스스로 해야 할 일 외에는 아무것도 하지 않습니다. 저녁식사 준비로 바쁠 때 음식 차리는 일을 도와주거나, 현관에 어지럽게 놓여 있는 신발을 정리해주었으면 좋겠는데, 전혀 할 생각을 안 합니다. 정신없이 바쁠 때 "엄마, 제가 도와드릴까요?"라고 먼저 물어봐 주었으면 좋겠는데 말입니다. 제 욕심인가요?

A. 약속만 지키는 아이 VS 스스로 움직이는 아이, 어느 쪽을 원합니까?

질문한 어머니께 물어보고 싶은 게 하나 있습니다. 약속만 잘 지키는 아이와 누군가를 돕겠다는 생각으로 움직이는 아이 중 어느 쪽을 원하십니까?

어머니의 말씀을 들어보면 아이는 자신이 사용한 그릇 싱크 대에 가져다 놓기, 이부자리 정돈하기 등 3학년이 되면서 실행 하기로 한 규칙을 잘 지키고 있습니다. 이마저도 하지 않는 아이 가 대부분인지라 다른 엄마들이 들으면 배부른 투정이라고 생 각할 수도 있습니다. 하지만 아이의 어머니는 규칙 외의 일은 하 지 않는 아이의 행동이 불만이군요.

양치질이나 샤워하기 등 바른 생활을 위한 기초적인 습관에 서 한 걸음 더 나아가 좋은 습관을 들이고 싶다는 희망은 절대 욕심이 아닙니다. 오히려 이런 것이 가능한 사람으로 성장하도 록 교육해야 합니다.

예를 들어 위의 가정을 A라고 합시다. A가정의 아이는 초등 학교 3학년이 되면서부터 자신이 사용한 그릇을 정리하는 것과 이부자리를 정돈하는 두 가지 일은 스스로 하기로 약속했습니 다. 그리고 아이는 이 약속을 잘 지키고 있습니다.

여기 B라는 가정이 있습니다. B가정에도 초등학교 3학년 아 이가 있지만 엄마는 아이에게 '스스로 해야 할 일'을 정해주지 않았습니다. 따라서 B가정의 아이는 A가정의 아이처럼 생활 속에서 스스로 해야 할 일에 대한 인식이 없습니다.

그러던 어느 날 B가정의 엄마가 회사 일로 몹시 지쳐 집으로 돌아왔습니다. 그저 눕고 싶다는 생각이 간절한데 싱크대에 쌓여 있는 그릇과 어질러진 거실을 보니 한숨이 절로 나옵니다. 서둘러 옷을 갈아입고 싱크대 앞에 선 순간 엄청난 양의 설거지에 자신도 모르게 "아! 오늘은 설거지할 게 정말 많네!"라는 말이 입 밖으로 나오고 말았습니다.

그러자 거실에서 놀고 있던 아이가 엄마 곁으로 다가옵니다. 식탁 위에 놓인 컵을 싱크대로 옮겨주며 "엄마 힘들어? 내가 설거지 도와줄까?"라고 말합니다. 엄마는 생각지도 않았던 아이의 배려에 진심으로 기뻐하며 "고마워"라고 대답합니다. 아직 어린 줄만 알았는데 자신을 도와주겠다고 나서는 아이가 기특했던 것입니다. 하루의 피로가 눈 녹듯 사라지는 것을 느낀 엄마는 아이와 함께 설거지를 끝내고 주말에만 만드는 특식을 조리해 아이와 함께 저녁을 먹었습니다. 설거지를 도와준 아이에 대한 고마움을 표현한 것입니다.

다음 날 퇴근해서 돌아와 설거지를 하고 있는 엄마 곁에 아이가 다가옵니다. 엄마의 설거지하는 모습을 빤히 바라보던 아이가 고사리손으로 행주를 집어들고 식탁을 닦기 시작합니다. 수저와 젓가락도 가지런히 놓아두고, 냉장고를 열어 반찬통도 꺼냅니다. 예상치 못한 아이의 행동에 엄마는 또 한 번 감격합니다. 설거지를 끝낸 엄마가 아이의 머리를 쓰다듬으며 "도와줘서 고마워"라고 자신의 마음을 전합니다.

그리고 사흘째 날이 되었습니다. 오늘은 무슨 일인지 퇴근한 후 설거지하는 엄마를 보고도 아이가 모른 척합니다. 거실 한가운데 앉아 만화영화를 보느라 정신이 없습니다. 하지만 엄마는 아이의 이런 행동이 서운하거나 화가 나지 않습니다. "오늘은 설거지 안 도와줄 거야?"라고 물어보지도 않습니다. 엄마의 컨디션이 회복되어 아이의 도움이 필요 없기 때문입니다. 엄마는 서둘러 설거지를 끝내고 배고플 아이를 위해 간단한 간식을 준비합니다.

아이에게 감사를 표현한 적이 있나요?

어느덧 6개월의 시간이 흘렀습니다. 주말을 맞아 B가정의 엄마가 아이와 함께 마트를 찾았습니다. 일주일 동안 먹을 음식과 생활용품, 아이의 간식거리를 사고 나니 커다란 장바구니 두 개에 쇼핑백 하나까지 짐이 제법 많았습니다. 그런데 아이가 양손에 무거운 물건을 들고 걸어가는 엄마의 손을 잡아 세웁니다. 그러더니 "엄마, 내가 도와줄게요"라고 이야기하며 장바구니 하나를 함께 듭니다. 아직 어리고 약한 아이의 힘이 큰 도움이 되지는 않지만, 아이의 마음이 너무 예쁜 엄마는 "진짜 고마워"

라고 말합니다.

일주일 후 또다시 마트를 찾았을 때는 장바구니 두 개가 나왔습니다. 엄마는 양손에 장바구니 하나씩을 나눠 듭니다. 다소 무게감이 느껴지지만 아이에게 "가벼운 것만 들어줄래?"라든지 "오늘은 안 들어주니?"라고 말하지 않습니다.

A가정의 아이는 이전과 다름없이 식기 정리와 이부자리 정돈이라는 두 가지 일만큼은 확실하게 합니다. 이런 모습을 보고 엄마는 "단 한 번도 게으름 피운 적이 없어요"라고 자랑스럽게 말할 수도 있습니다. 반면에 B가정의 아이는 여전히 이부자리를 정리할 줄 모릅니다. 엄마가 알아서 해주고 치우라는 잔소리도 듣지 않기 때문입니다.

이제 두 가정의 2년 후를 예상해봅시다.

A가정의 아이는 과거에 그랬듯이 그릇 정리와 이부자리 정돈 두 가지 일은 습관이 되었을 게 분명합니다. 엄마는 "우리 아이는 꾀를 부리거나 게으름을 피우지 않아요"라며 자랑스럽게 말할 수도 있습니다.

반면 B가정의 아이는 여전히 이부자리를 정돈할 줄 모릅니다. 엄마가 알아서 해주기 때문입니다. 하지만 B가정의 아이는 종종 설거지를 하고, 마트에서 엄마의 짐을 들어주며, 현관에 무질서하게 놓인 신발을 정리하기도 합니다. 엄마가 늦게 퇴근하는 날이면 서툰 솜씨로 청소도 해놓습니다. 엄마가 피곤해 보이는 날이면 아이 스스로 "엄마, 제가 도와드릴까요?"라고 말하는 횟수가 갈수록 늘어납니다. 그저 엄마의 "고마워"라는 말 한 마디가 아이를 움직이게 만든 것입니다.

B가정의 아이에게 이런 일이 가능할 수 있었던 것은 엄마를 돕는 일이 즐거웠기 때문입니다. 사람은 자신이 흥미를 느끼는 일, 재미를 느끼는 일은 누가 시키지 않아도 저절로 하게 됩니다. 게임이나 운동에 중독되는 것도 그것보다 재미있는 일이 없기 때문입니다. 아이들의 습관 역시 마찬가지입니다. 엄마들이 그렇게 바라는 자기주도적인 아이는 잔소리로 만들어지지 않습니다. 공부든 일이든 즐거운 기억이나 재미있는 기억, 따뜻한 기억이 많아야 아이는 흥미를 느낍니다.

'스스로 하는 아이'와 '혼나지 않으려고 하는 아이'

아이에게 바른 습관을 들이고 싶다는 결심을 했다면 그 무엇이든 당연하다고 여겨서는 안 됩니다. 앞의 상담 사례에서 A가정의 엄마는 '이제 3학년이니까 자기 일은 스스로 하는 것이 당연해'라고 생각해 아이의 행동을 칭찬해주지 않았을 가능성이 높습니다. 어쩌면 식기 정리와 이부자리 정돈을 잊어버리는 날이면 꾸중을 했을지도 모릅니다. 엄마의 입장에서는 너무도 당연한 일을 아이가 실행하지 않았기 때문입니다.

이런 상황에서 엄마를 도와주는 아이가 되기를 바란다는 것은 그야말로 어불성설이자 엄마의 욕심일 뿐입니다. 엄마의 칭찬을 받아본 적이 없는 아이는 무의식적으로 '시키는 일만 하자' '혼나지 않을 만큼만 하자'라고 생각할 확률이 높습니다. 이런 경우 스스로 문제를 해결하는 능동적인 아이가 아니라 시키는 일만 하는 수동적인 아이로 성장하는 것입니다.

아이가 스스로 생각하고 선택하며 행동하기 전에 부모가 먼저 규칙을 정하고 '~해야 한다'라고 규정지음으로써 아이에게 부모의 선택을 그대로 따르도록 한 것입니다. 아이가 원하는 것보다 부모가 원하는 것을 강요한 셈입니다. '최소한 이 정도는 해야 한다'라는 부모의 욕심이 아이를 옭아맨 것입니다. 이런 환경에서 성장한 아이는 커서도 절대 주도적으로 인생을 살아가지 못합니다. 학교에서도 직장에서도 늘 다른 사람의 눈치를 보고, 질책과 비난이 무서워 스스로 결정하는 일을 두려워하게 됩니다.

반면 B가정의 엄마는 일부러 규칙을 세우지 않았습니다. 그리고 아이가 자신을 도와주는 일을 당연하게 생각하지 않고 고마워했습니다. 엄마의 이런 마음을 느낀 아이는 이부자리를 습관적으로 정리하지 못하지만 엄마가 피곤해하는 기색이 보이면 도와주려고 합니다. '무엇을 해라'는 지시를 받지 않아도 스스로 엄마를 도와줄 수 있는 일을 찾아내고, 심지어 도움이 되는 일 자체에 기쁨을 느끼게 된 것입니다.

A가정의 아이와 B가정의 아이에게 큰 차이가 있다고 생각하지 않습니까? 잠시 A가정과 B가정을 다시 비교해보기 바랍니다. A가정의 아이와 B가정의 아이가 자라서 어떤 유형의 어른이 될지 알 수 있습니다.

무엇이 '수동적 인간형'을 만드는 것일까요?

지금까지 수많은 상담을 통해 A가정과 B가정 유형을 많이 봐왔습니다. 물론 엄마들에게 B가정과 같은 방향으로 가기를 권합니다. 앞의 상담 사례처럼 A가정의 엄마 자신도 B가정의 아이처럼 키우기를 희망하고 있습니다. 하지만 어쩐 일이지 이게 말처럼 쉽지가 않습니다.

최근 "우리 아이가 자주 무기력한 모습을 보여요"라든가 "무슨 일이든 의욕을 보이지 않아서 걱정이에요"라는 말을 많이 듣습니다. 많은 엄마가 자신의 아이가 좀 더 의욕적으로 행동하고, 올바르게 성장해 자립하기를 바랍니다. 그래서 자꾸 "규칙이 필요하다" "제대로 된 경험이 중요하다"라고 말하는 것입니다.

아이들은 자기가 '이렇게 하고 싶어'라고 생각한 뒤 직접 실천해본 일의 결과가 칭찬이라는 평가로 이어지면 '자신이 해냈다'는 사실에 성취감을 느끼게 됩니다. 이것이 바로 직접적인 기쁨과 만족감으로 연결되어 긍정적인 행동을 강화시켜줍니다.

반면에 시키는 일만 마지못해 하는 사람은 그 일을 수행해도 별다른 기쁨과 만족감을 느낄 수 없습니다. 자신이 원해서 한 일이 아니다 보니 즐겁거나 재미있지도 않습니다. 그저 시간을 때우는 아르바이트생처럼 '혼나지 않을 정도만 하면 되겠지'라는 부정적인 행동을 강화시키게 됩니다. 자신도 모르게 저공비행의 항로를 선택하게 되는 것입니다.

이쯤 되면 이미 눈치 챘을 거라고 생각합니다. 능동적인 아이와 수동적인 아이를 만드는 것은 종이 한 장의 차이라는 것을 말입니다. 또한 아이의 타고난 성향이 아니라 부모의 강요된 요구 때문이라는 것도 말입니다. 능동적인 아이로 키우고 싶습니까? 그렇다면 지금 당장 아이의 행동을 잘 살펴보기 바랍니다. 단순히 부모에게 꾸중 듣지 않기 위해 행동하고 있는가, 행동 자체를 즐기며 하고 있는가를 파악해야 합니다. 현재 아이의 행동에 따라 아이의 미래가 달라집니다. 이는 사회적으로 건강하게 성장하느냐, 성장을 멈추느냐를 결정하는 중요한 일입니다.

도전하는 아이로 기르는 법

비즈니스맨을 예로 들어 생각해봅시다. 능동적 인간형은 시키는 일은 물론이고 시키지 않은 일도 묵묵히 해냅니다. 없는 일도 만들어내는 창의적이고 진취적인 사람이기 때문에 끊임없이 도전을 선택합니다. 실패해도 좋은 경험을 했다는 생각으로 쉽게 좌절하지도 않습니다. 시간이 많이 걸리더라도 어떻게든 원하는 결과를 만들어냅니다. 회사 일을 단순한 회사 일이라 생각하지 않고 자신이 주인공이라는 주인정신이 강합니다. 따라서 어느 순간부터 동료들보다 큰 차이로 앞서 나가게 됩니다. 회사의 목표나 업무량과는 관계없이 지속적으로 성장해 나가게 됩니다. 이런 사람은 상사나 동료들로부터 신뢰를 받고, 중요한 업무를 맡게 되어 비약적으로 성장합니다. 회사에서 없어서는 안될 인재로 성장하는 것입니다.

사회는 군이 말하지 않아도 알아서 하는 사람, 자기 분야 외에도 다방면에 관심을 가진 사람, 모르면 물어서라도 방법을 찾아내는 사람을 필요로 합니다. 이런 사람들은 항상 준비가 되어 있기 때문에 갑자기 찾아온 기회를 놓치지 않습니다. 우리는 이런 사람들을 보면 "무엇을 해도 될 사람이다"라고 말합니다.

'수동적 인간형'의 특징	'능동적 인간형'의 특징

- 스스로 일을 찾아서 하려고 하지 않는다
- 시키는 일만 한다
- 실패가 두려워 새로운 시도를 하지 않는다
- 현상유지에 만족하다 보니 창조성과 생산성의 성과가 매우 낮다
- 질투심이 많다
- 다른 사람과의 차이를 의식한다
- 일이 잘못되면 다른 사람들을 탓한다
- '덕 봤다' '운이 나빴다'라는 생각으로 매사에 일희일비한다
- 도전정신이 약하다
- 결과에 따라 기분이 좌우된다
- 필요 이상의 일은 하지 않는다
- 머릿속으로 생각한 일 대부분을 실천에 옮기지 않는다
- 그러는 사이에 자신의 생각이 없어진다
- 실패하지 않으려고 안간힘을 쓴다
- '해봤자 소용없어'라며 쉽게 포기한다

- 하고 싶기 때문에 스스로 나서서 한다
- 시키지 않아도 한다
- 실패하더라도 계속 도전한다
- 창조적이고 틀을 깨는 생산적 아이디어를 만들어낸다
- 질투심을 잘 느끼지 않는다
- 다른 사람과의 차이를 그다지 의식하지 않는다
- 다른 사람 탓이라고 생각하기보다는 자기가 어떻게 하면 잘할 수 있을까 생각한다
- '덕을 볼 수 있으면 좋지' '운이 나쁜 일도 종종 있다'라고 생각해 매사에 일희일비하지 않는다
- 계속 새로운 것을 추구하며 도전정신이 강하다
- 원인과 결과의 관계를 곰곰이 생각한다
- 항상 개선점을 생각한다
- 일단 해보고 생각한다
- 생각하고 다시 해본다
- 성취를 이루고자 하는 욕구가 강하다

반면 수동적인 사람은 시키는 일만 하기 때문에 활력 넘치는 모습을 찾아보기 어렵습니다. 반드시 달성해야만 하는 최소한의 목표에 이를 때까지는 열심히 일하지만, 일단 목표를 달성하고 나면 거기서 멈춥니다. 상사에게 혼나지 않기 위해 목표를 아슬아슬하게 상회하는 저공비행을 즐깁니다. 상사가 새로운 프로젝트를 수행하라고 하면 내키지 않아서 한숨부터 쉽니다. 자신의 업무도 아닐뿐더러 책임질 것이 두려워 어떻게든 빠져나가려고 이런저런 핑곗거리를 찾습니다. 혹시 일이 잘못되면 "그것은 제 책임이 아닙니다" "그때 부장님께서 이렇게 하라고 지시하신 일입니다"라며 다른 사람에게 책임을 전가합니다. 이런 사람에게 일을 맡길 상사는 없을 것입니다. 결국 상사는 '앞으로는 절대 새로운 일을 맡기지 말아야지'라고 생각하며 없는 사람 취급을 할 것입니다.

수동적인 사람들은 항상 시켜야 일하고, 자기 일 외에는 관심이 없으며, 새장에 갇힌 새처럼 자신의 테두리 안에서만 머물러 있습니다. 시키는 일 외에 더 하는 것은 손해 보는 짓이라 생각하며, 자신한테 돌아올 것도 없는데 피곤하게 일을 벌이는 것은 바보들이나 하는 짓이라고 생각합니다.

당신의 아이가 어떤 유형의 어른으로 성장하기를 바랍니까? 부모에게 혼나지 않으려고 적당히 눈치를 봐 가면서 행동하는 수동적인 사람으로 성장하기를 원합니까, 아니면 자신의 인생을 개척하는 능동적인 사람으로 성장하기를 바랍니까? 계속 성장하는 능동적인 사람으로 키우고 싶다면 지금 당장 '지나치게 많은 지시'를 멈춰야 합니다!

앞의 사례에서 B가정의 엄마를 살펴봅시다. 이 엄마는 '칭찬을 해줘야만 해'라는 강박관념이나 특별한 생각을 갖고 있어 칭찬의 기술을 발휘하는 게 아닙니다. 아이가 기대하지 않은 행동을 하는 것이 그저 기뻐서 자연스럽게 진심을 담아서 "고마워!"라고 말했을 뿐입니다. 엄마의 이런 태도가 아이의 배려심과 자발적인 행동을 이끌어낸 것입니다.

이런 일은 느닷없이 일어납니다. '지금부터 칭찬을 해보자'라든가 '자, 이제 나는 칭찬해줄 준비가 됐어'라는 계산적인 발상에서 나오는 게 아닙니다. 이런 일은 우발적으로 일어납니다. '우리 아이에게 좋은 습관이 몸에 배도록 해주려면 이쯤에서 칭찬을 해줘야지'라고 결심한다고 해서 할 수 있는 일이 아니라는 말입니다. 엄마들에게 아이를 칭찬해주라고 하면 대부분은 이렇게 되묻습니다.

"아무리 기다려도 아이가 칭찬받을 일을 하지 않으면요?"

"아무리 칭찬해줘도 별 반응이 없으면 어떻게 해요?"

"도대체 무엇을 칭찬해야 하나요?"

조바심에 이렇게 묻는 것입니다. 아이가 스스로 생각한 뒤 선택하고 움직일 시간을 주지 못하는 엄마들은 결국 "이것 좀 도와주렴" "예전에는 엄마가 말하기 전에 해줬잖아?"라며 푸념 섞인 지시를 하고 맙니다. 다시 한 번 말하지만 엄마가 '지시' 하고 '명령'하는 순간 아이들은 수동적인 인간형으로 변하기 시작합니다.

누가 시키지 않아도 아이가 스스로 도와주길 바란다면 이것저것 지시하는 대신 아이가 '우연히 좋은 행동'을 할 때까지 꾹 참고 기다려야 합니다. 안타깝게도 지금까지의 경험으로 미루어봐선 이미 수동적 인간형으로 성장한 아이가 능동적 인간형으로 바뀌거나 발전하기는 매우 어려운 일입니다. 옷의 첫 단추를 잘못 끼웠다면 채운 단추를 풀고 처음부터 다시 채우면 되지만, 한번 형성된 아이의 습관과 성격은 되돌리기 어렵다는 점을 명심해야 합니다.

유아기부터 능동적 인간형으로 자라도록 해야 합니다. 물론 요령은 있습니다. 아이의 행동을 무조건 칭찬하는 것이 아니라 B가정의 엄마처럼 '진심으로 감사하는 자세'에서 조언을 얻기 바랍니다.

엄마의 말 한 마디가 아이의 인생을 바꿉니다

마지막으로 어렸을 때부터 부모의 인정과 칭찬을 받으며 자란 아이는 충만한 기쁨과 행복 속에서 성장합니다. 부모의 따가운 눈초리로부터 자신을 보호하거나 변명할 이유가 없고, 자신의 모든 행동에 감사하는 부모가 있으니 늘 행복한 것입니다. 이런 아이들은 어디서나 주도적으로 자신의 역할을 찾습니다. 어른이 되어서도 끊임없이 발전해나갑니다.

거듭 말하지만, 자발적으로 하거나 열심히 노력해 이룬 일을 칭찬받으면서 성장한 아이와 지시를 받으며 규칙을 강요당한 채 성장한 아이의 인생은 180도 다릅니다. 결국 어린 시절의 이런 경험이 아이의 인생을 변화시킵니다. 엄마의 말 한 마디가 아이의 인생을 바꿀 수 있다는 사실을 기억하고, 칭찬의 말을 아끼지 않는 부모가 되어야 하겠습니다.

예의바른 아이로 키우고 싶다면

하루가 다르게 성장하는 아이들은 부모의 행동과 말투를 보며 자랍니다. 부모의 감정과 기분을 그대로 느끼고, 그에 따라 반응하게 됩니다. 엘리베이터에서 만난 옆집 할머니를 보고 인사하지 않는 엄마가 아이에게 "어른을 보면 인사를 해야지"라고 말한다면 아이는 어떤 생각을 할까요? '엄마도 하지 않으면서 나한테만 시켜'라고 생각하지 않을까요?

버스나 지하철에서 엄마와 아빠가 어른에게 자리를 양보하고 상대가 고마운 마음을 전하는 모습을 본 아이는 '나도 저렇게 해서 감사하다는 말을 듣고 싶어' '칭찬받고 싶어'라는 생각을 할 것입니다. 반대로 부모가 "저기, 자리 비었네. 다른 사람이

앉기 전에 빨리 앉자"라고 말하는 것을 들으며 자란 아이는 지하철에 빈자리가 났을 때 '빨리 앉아야지!'라는 마음부터 갖게 됩니다. 그리고 만약 자리에 앉지 못하면 '아이, 재수 없어'라고 생각하게 될 것입니다.

부모의 모습을 본받아 아이가 스스로 자리를 양보했을 때는 진심에서 우러나오는 환한 표정으로 고개를 끄덕이거나 손을 꼭 잡아주는 것으로 엄마의 기쁜 마음을 전달합니다. 자리를 양보해드린 어른 앞에서 아이를 칭찬하는 것은 민망한 일이므로, 목적지에 도착한 다음 "조금 전에 정말 훌륭했어. 다른 사람을 배려하는 네 모습을 보고 엄마는 얼마나 뿌듯하고 자랑스러웠는지 몰라" 하는 식으로 엄마의 마음을 전해도 좋을 것입니다.

성격까지 바꾸는 칭찬의 힘

사회생활을 하다 보면 '어떻게 시키는 일만 하지?'라는 생각이 드는 사람을 만날 때가 있습니다. 이런 사람들은 자신에게 주어진 역할 외의 일을 하는 건 '손해 보는 짓'이라 생각하고, 일을 만들어 하는 사람을 보면 "오지랖도 넓다니까"라고 핀잔을 줍니다. 일에 끌려다니면서도 일을 끌고 가는 사람을 보면 쓸데없는 짓을 한다고 생각합니다. 내일의 희망을 향해 열심히 달려가는 사람을 보면 오늘의 절망을 보지 못한다고 한심해합니다. 무엇보다 스스로 일을 만드는 사람은 위기에서 기회를 찾지만, 시키는 일만 하는 사람은 기회마저도 위기로 바꿔버립니다. 그런데 과연 이것이 어른에게만 해당하는 일일까요?

아닙니다. 어린아이들 가운데서도 시키는 일만 하는 아이가 많습니다. "밥 먹어라"고 말하면 정말로 밥만 먹습니다. 또한 자신이 먹은 밥그릇 정도는 충분히 싱크대에 가져다 둘 수 있는 나이임에도 정말 밥만 먹고 식탁에서 일어섭니다. 이런 아이를 보면 엄마는 '내가 자식을 너무 오냐오냐 키웠구나'라고 생각하게 됩니다. 그러다가 학교에 들어가서 공부도 시키는 것만 하지 않을까 하는 걱정이 들기 시작합니다.

"어렸을 때부터 제가 시키는 것 외에는 아무것도 할 줄 모르던 아이예요. 외출했다가 돌아왔을 때 '네 신발은 네가 정리해야지'라고 말하면 함께 널브러져 있는 엄마 신발은 그대로 두고 말 그대로 자기 신발만 정리합니다. 그런데 공부도 그렇게 해요. 학교에서 선생님이 시키는 것만 합니다. 예습도, 복습도 할 줄 모르고 그저 시키는 것만 하니 정말 걱정스러워요."

상담실을 찾은 부모들 가운데 이런 고민을 토로하는 경우가 종종 있습니다. 알아서, 누가 시키지 않아도 스스로 찾아서 하기를 바라는데 아이들이 전혀 움직일 생각을 하지 않는다는 것입니다. 그런데 시키는 일만 하는 아이들을 만나 그 이유를 물어보면 다 나름의 이유가 있습니다. 부모의 꾸중이 무섭다는 것입니다.

"밥을 먹었으면 그릇을 싱크대에 가져다 둬야 할 것 아니야!"라고 엄마가 화를 내서 다음 번에 그릇을 설거지통에 담가뒀는데, 이번에는 식탁 의자를 제자리에 넣지 않았다고 혼이 났다는 것입니다. 이런 상황이 자꾸 반복되면 엄마가 시키는 일만 하기에 급급해하고, 혼나지 않으려면 그림자처럼 조용히 앉아 있는 게 최고라고 생각하게 됩니다.

이처럼 아이가 수동적으로 행동하게 되면 작은 사회라고 불리는 학교에 가서도 반드시 문제를 일으킵니다. 수동적이란 것은 소극적이라는 말과도 일맥상통합니다. 자신의 의견을 내지 못하는 아이, 친구들과 적극적으로 어울리지 못하는 아이, 자꾸 주변의 눈치를 보는 아이는 따돌림을 당하기가 쉽습니다. 무엇보다 우리가 살아가는 21세기는 창의적이고 적극적이며 새로운 변화를 두려워하지 않는 능동적 인간형을 원합니다.

여기서 재미있는 사실은 우리가 그렇게 바라는 적극적인 아이, 즉 능동적인 인간형은 타고난 성격이라기보다는 부모의 꾸준한 칭찬으로 만들어진다는 것입니다. 많은 부모가 "우리 아이는 원래 수줍음이 많아요" "원래부터 소극적이에요"라고 말하는데, 이는 칭찬 하나로 얼마든지 해결할 수 있습니다.

칭찬의 방향이 문제다

Q. "엄마가 해줘"라며 스스로 하지 않습니다

양말 신기, 머리 빗기, 옷 갈아입기, 유치원 가방 준비하기 등 제 힘으로 쉽게 할 수 있는 일인데도 매일 아침 "나는 잘 못하니까 엄마가 해줘"라고 말합니다. 게다가 책을 꺼내는 일, 장난감 치우는 일, 하다못해 친구랑 놀자는 약속도 "엄마가 전화로 물어봐"라고 말하곤 합니다. 다섯 살 여자아이인데 무엇이든 엄마에게 도와달라고 하니 의존성이 심한 게 아닌가 걱정스러울 정도입니다. 유치원에서 요구르트를 마실 때도 선생님이 빨대를 대신 꽂아줘야 할 정도입니다. 언제나 다른 사람이 도와주길 기다리며 자신의 의지로는 어떤 일도 하지 않으려고 하니, 여간 걱정스러운 게 아닙니다.

"엄마가 해줘"라는 말을 너무 자주 하면 분명 누구라도 아이의 의존성을 의심하고 걱정하게 됩니다. 그런데 이 상담 사례의 아이는 '제 힘으로 충분히 할 수 있는 일'을 해달라고 조르는 것이므로, 엄마에 대한 의존성이 심하다기보다는 응석받이라고 표현하는 게 맞지 않을까요? 어쩌면 이 아이는 엄마의 관심을 원하고 있는지도 모릅니다. 양말 신기, 옷 갈아입기 정도는 제 힘으로 충분히 할 수 있는 일이니 당연히 칭찬할 일도 별로 없을 겁니다.

여기서 걱정스러운 것은 강한 의존성이나 타고난 응석받이 기질이 아니라 자신감 없는 아이로 자랄 가능성이 있다는 점입니다. 아이들 대부분은 두세 살만 되어도 부모에게 의존하던 것에서 벗어나 자주적이고 독립적으로 행동하려고 합니다. 이 시기에 부모에게 긍정적 피드백을 받은 아이들은 주도성이 강화되지만, 별다른 칭찬을 받지 못하거나 야단을 많이 맞게 되면 의존성이 강한 아이로 성장할 수 있습니다. 자신의 행동이 인정받지 못했기 때문에 자꾸 눈치를 보는 자신감 없는 아이로 성장하게 되는 거죠.

얼마 전 상담실에서 만난 아이에게 좋아하는 과일을 그려보라고 했습니다. 그런데 무슨 일인지 아이는 그림을 그리지 않고 멍하니 앉아 있기만 하는 것이었습니다. 시간이 지나도 여전히 그러고 있어서 그 이유를 물었더니 아이는 대답 대신에 이렇게 되물었습니다.

"선생님, 뭘 그려야 해요?"

이 아이는 늦둥이 막내로 언니, 오빠와 열 살 이상 나이 차이가 났습니다. 그러니 언니와 오빠는 당연히 그 아이보다 그림 그리는 것이 능숙했을 겁니다. 어느 날 동생이 그린 나비를 보고 언니가 이렇게 놀렸다고 합니다.

"이게 뭐야? 이게 나비라고? 꼭 벌레 같은데."

문제는 여기서 끝나지 않았습니다. 이런 상황에서 누군가 아이에게 힘을 실어줬어야 하는데, 엄마 역시 "제대로 그리지 않아서 엄마도 뭔지 잘 모르겠네"라고 말했다는 것입니다. 게다가 유치원 친구한테서 "네 그림은 이상해"라는 말까지 들어 아이는 그림 그리는 일에 자신감을 잃고 말았습니다.

'칭찬 찬스'를 잡아라

육아 상담을 하다 보면 이런 경우를 종종 겪게 됩니다.

아이가 자동차 그림을 그렸습니다. 그런데 자동차 바퀴를 네 개가 아니라 다섯 개로 그렸습니다. 이를 본 엄마가 아이 옆으로 다가갑니다.

"어머, 무슨 자동차 바퀴를 다섯 개나 그렸어! 자동차 바퀴는 네 개잖아."

그러고는 그림을 다시 그리게 합니다.

정말 실망스러운 행동이 아닐 수 없습니다. 저라면 이렇게 말하겠습니다.

"아주 멋진 자동차를 그렸구나! 어디 보자… 이 자동차는 특이하게 바퀴가 하나, 둘, 셋, 넷, 다섯 개나 되네! 가만 보니 다섯 번째 바퀴는 뒤에 달려 있구나. 멋지네. 이런 차는 뒤로 가도 안전하겠다!"

물론 아이가 그린 자동차가 훌륭해 보이지 않을 수도 있습니다. 하지만 아이가 자신의 상상력을 발휘해 최선을 다해 그린 그림을 보고 어떻게 틀렸다고 다시 그리라고 말할 수 있습니까. 지금 아이는 정물화를 그리는 게 아닙니다. 그림의 정확도는 중요한 문제가 아닙니다.

이런 경우 엄마의 고정관념이 아이의 창의성을 망가뜨리게 됩니다. 어린아이들은 백지 상태와 같아서 엄마한테서 큰 영향을 받습니다. 매미나 메뚜기를 보고 관심을 보이는 아이에게 "에잇! 벌레야! 만지면 안 돼, 지지야"라고 말하는 엄마들이 있는데, 이런 말은 아이에게 해충과 곤충을 구분하지 못

하게 합니다. 더 나아가서 벌레는 더럽고 인간에게 해를 끼치므로 무조건 죽여야 하는 대상으로 인식하게 만듭니다. 엄마의 고정관념이 아이에게 그대로 전달되는 것이지요.

독특한 천재성으로 유명한 미국의 팀 버튼 감독은 어린 시절부터 기괴한 그림을 그리는 것으로 유명했습니다. 어른들은 도무지 이해할 수 없는 난해한 그림을 많이 그렸습니다. 만약 그의 부모가 어린 아들의 정신세계를 의심하고 그림을 못 그리게 했다면 훌륭한 영화감독 팀 버튼은 존재하지 않았을 것입니다.

상담 현장에 있다 보면 안타까운 상황을 자주 접합니다. 엄마들은 아이를 칭찬할 기회가 없다고 하소연하지만, 이는 올바른 생각이 아닙니다. 아이를 마음껏 칭찬할 수 있는 기회가 여기저기서 굴러다니고 있는데 엄마들이 감을 잡지 못하고 있습니다. 자동차 바퀴가 다섯 개라는 사실을 지적한 엄마처럼 말입니다.

다양한 칭찬 언어를 연구합시다

앞의 상담 사례처럼 아이의 의존성을 걱정하는 엄마라면 아이에게 더더욱 많은 칭찬을 해주어야 합니다. 폭풍 칭찬으로 잃어버린 아이의 자신감을 찾아주어야 합니다. 이번 사례와 같은 고민을 가지고 있는 엄마는 아이를 더 많이 칭찬해줌으로써 아이가 자신감을 가지도록 해주어야 합니다.

"하지만 기본적인 일도 스스로 하지 못하고, 자꾸 실수하는 아이를 어떻게 칭찬해야 할까요?"라고 물어보는 엄마가 있을 겁니다. 칭찬도 연습이 필요합니다. 세상에 연습 없이 익숙해지는 일은 없습니다.

아이를 칭찬하기 위한 첫 번째 방법은 아이를 유심히 관찰하는 것입니다. 칭찬은 관심에서 시작됩니다. 단 이때의 관심은 단점이 아닌 장점을 찾는 데 집중해야 합니다.

예를 들어 학생이 30명인 초등학교 학급의 담임선생님이 되었다고 가정해봅시다. 아이들과 만나는 첫날, 저는 반 아이 30명을 30가지 다른 말과 표현으로 칭찬할 수 있습니다.

"그런 일은 나도 할 수 있어" "나는 이미 하고 있는데"라고 말하는 선생님도 있으리라 생각합니다. 하지만 실제로 "그럼, 지금부터 아이들을 칭찬해보세요"라고 말하면 이를 실천할 수 있는 선생님은 그리 많지 않습니다. 처음에는 자신 있게 시작하지만 20명 정도 칭찬했을 때쯤이면 칭찬할 거리가 부족하다는 것을 느낄 것입니다. "착한 아이네" "3학년이 되니 의젓해졌구나"와 같이 누구라도 할 수 있는 식상한 표현이 나올 것입니다. 저라면 두루뭉실한 칭찬보다는 구체적인 칭찬 방법을 선택하겠습니다.

"쉬는 시간에 보니 복도에 떨어진 휴지를 줍더구나."

"책을 정리해주다니, 고마워."

"우리 반에 발명가가 있었네. 정말 멋진 아이디어야!"

아이에게 관심을 가지고 유심히 관찰하면 칭찬할 일은 차고 넘칩니다.

만약 아이가 이미 칭찬한 일을 다시 한 번 반복했다면 다른 표현으로 칭찬해주면 됩니다. 예를 들어 딸아이가 강아지를 잘 돌봐주어 "우리 멍멍이가 기뻐하고 있네"라고 칭찬해주었는데, 며칠 뒤 같은 상황을 보게 된다면 "우리 멍멍이가 너를 엄마라고 생각하고 있나 봐. 많이 고마워할 거야"라고 표현을 바꾸는 것입니다.

아이의 작고 사소한 행동이라도 칭찬해주려고 노력한다면 칭찬 포인트를 발견하는 것은 시간문제입니다. 이런 과정을 반복하다 보면 아무리 논리적이고 이성적인 엄마라도 자신의 어휘가 풍부해짐을 느끼게 될 것입니다. 이미 알고 있겠지만 칭찬하는 사람에게 얼마나 많은 레퍼토리가 있는가가 아주 중요합니다.

Good try! & Nice challenge!

갓 스무 살의 나이에 미국으로 유학 가서 홈스테이를 한 적이 있습니다. 당시 미국에서 생활하는 동안 깜짝 놀랐던 일들 가운데 하나가 바로 '칭찬의 문화'입니다. 미국의 홈드라마나 영화 대사만 보더라도 칭찬 언어의 다양성과 풍부함에 혀를 내두르게 됩니다. 미국 사람들은 정말 무엇이든 칭찬합니다. 한마디로 칭찬의 달인들입니다.

미국에 도착한 지 얼마 지나지 않았을 때의 일입니다. 약속이 있어 서둘러 거리를 걷고 있는데 일면식도 없는 미국인이 다가와서 말을 건넵니다.

"모자가 참 예쁘네요."

말을 건네는 방법은 참으로 다양합니다. "멋진 재킷이네요" "당신 시계가 마음에 드네요" 등 차림새에 대해 지나치게 칭찬해서 '혹시 이 사람 강도 아니야?'라는 생각이 들 정도였습니다. 길에서 만난 사람들이 이 정도인데 부모가 자녀를 칭찬하는 횟수와 그 표현의 풍부함은 굳이 말하지 않아도 되겠지요.

예를 들어 아이가 농구 시합에서 3점 슛을 던졌다고 합시다. 이때 아이의 공이 들어갔다면 누구라도 칭찬할 수 있습니다. 하지만 공이 들어가지 않았을 때는 상황이 달라집니다. 부모들 대부분은 아쉬움의 한숨을 먼저 내쉬고 "너무 아깝다!" 또는 "약간 모자랐어"라고 말할 것입니다. 하지만 미국 부모들은 환호와 함께 "Good try!"라고 외칩니다. 아이의 도전 자체를 칭찬하는 것입니다. 실패하더라도 부모가 옆에서 "Nice challenge!"라고 외쳐준다면 아이는 자신감을 잃지 않을 것입니다. 이런 자세는 정말이지 본받아야 할 점입니다.

개인적인 생각이지만 어쩌면 미국인들은 상대를 칭찬하고 있는 자기 자신의 모습을 좋아하는 것인지도 모르겠습니다. 언제 어디서든 타인을 칭찬할 수 있는 사람은 스마트하고 대범한 사람이라는 이미지가 절로 연상됩니다. 그런 자아상을 동경하다 보니 타인에 대한 칭찬을 스스럼없이 할 수 있는 건지도 모릅니다.

반면 동양인의 자아상은 좀 다릅니다. 스마트하고 대범한 사람이라는 이미지보다 예의범절이 바른 사람을 칭찬합니다. 사회생활에서 성공하지 못하더라도 다른 사람에게 피해를 주지 말아야 한다는 생각이 강하기 때문입니다. 아이가 잘못된 행동을 하면 단호하게 야단을 쳐야만 "그 집은 아이들 교육을 제대로 하고 있어"라는 말을 들을 수 있다 보니 '아이의 잘못은 호되게 꾸짖어야만 해'라는 생각에 사로잡혀 있는 것인지도 모르겠습니다.

최근에는 이런 가치관도 무너져 "그런 생각은 구시대적인 발상이야"라고 항의하는 엄마들도 있습니다. 이들은 아이의 요구는 무조건 수용하고 공감해주는 것이 가장 좋은 육아법이라고 생각합니다. 그래서 공공장소에서 울거나 떼를 쓰는 아이를 제지하기보다는 응석을 받아주는 쪽을 택합니다. 이런 모습을 보고 '그 엄마 참 자상하다' '아이가 울 때는 안아주는 것이 좋아'라고 생각하는 사람이 제법 있습니다.

그러나 저는 이런 부모를 자상한 부모라고 생각하지 않습니다. 오히려 낙제점 부모라고 말하고 싶습니다. 아이의 응석을 무조건 받아주기보다는 적절한 어휘를 골라 아이를 칭찬하고 격려할 줄 알아야 좋은 엄마입니다.

십대가 되기 전 할 수 있는 모든 칭찬을!

평소 칭찬 언어를 다양하게 구사하는 부모를 보면 아이를 그 누구보다 따뜻하고 다양한 시선으로 바라본다는 것을 알 수 있습니다.

예를 들어 공부를 뛰어나게 잘하는 아이가 있다고 가정해봅시다. 이 아이는 자기 자신이 공부를 잘하는 우수한 학생이라는 사실을 너무도 잘 알고 있습니다. "공부 잘하네" "똑똑하네"라는 말을 하도 들어서 자신도 모르게 오만해져 버린 것이지요. 어느새 오만방자해진 아이는 자신보다 공부를 못하는 아이들을 무시하기 시작합니다.

"엄마, 우리 반 아이들은 모두 바보 같아. 29명의 바보와 같이 공부해야 하는 내가 너무 불쌍해."

단순히 등수로만 따지면 반에서 1등일지 몰라도 인성과 인격의 척도를 등수로 매긴다면 이 아이는 반에서 최하위인 30등일 것입니다.

그런데 아이가 처음부터 이런 생각을 가지고 있었을까요? 아닙니다. 부모가 항상 성적으로 아이를 평가하다 보니, 아이도 친구들을 성적만 갖고 평가하게 된 것입니다.

평소 이 아이의 부모는 "우리 아들이 또 1등을 했네. 네가 최고야!" "수학경시대회에서 최고점을 받았네! 이 맛에 내가 산다니까!" 등 칭찬을 아끼지 않았습니다. 지금까지 아이를 칭찬으로 키우라고 해서 칭찬을 넘치게 했는데 무엇이 문제냐고요? '칭찬의 방향'이 문제입니다.

부모의 칭찬하는 말을 보면 과정에 대한 이야기가 없습니다. 그저 결과에 대한 이야기만 있을 뿐입니다. 아이의 노력을 칭찬하는 게 아니라 성공한 결과를 칭찬하는 것입니다. 부모가 늘 결과에 초점을 맞추고 이것으로 아이를 평가하면 아이 역시 결과에만 집착하게 됩니다. 결국 수단과 방법을 가리지 않고 결과와 승리하는 것에만 집착하는 아이로 성장할 수 있습니다. 부모보다 나은 삶을 살게 하고 싶다면, 행복한 아이로 키우고 싶다면 아이의 시야를 넓혀줘야 합니다.

엘리베이터에서 만난 어른에게 인사하는 아이, 길에 떨어진 휴지를 줍는 아이의 모습을 보고도 칭찬하지 않는 부모가 많습니다. 이는 아이의 인성 교육에 크게 신경 쓰지 않고 있다는 의미도 됩니다.

아이를 칭찬해줄 수 있는 시간은 그리 길지 않습니다. 요즘 아이들은 초등학교 고학년만 되어도 사춘기를 겪기 때문에 열 살이 넘어가면 통제하기가 어려워집니다. 그러므로 십대가 되기 전에 할 수 있는 칭찬을 모두 해주어야 합니다. 아이가 사춘기에 들어선 다음에 칭찬을 시작하면 늦습니다. '뭐야, 어릴 때는 항상 야단만 치더니, 갑자기 왜 마음에도 없는 칭찬을 하지?'라고 생각하기 때문입니다. 하지만 어릴 때부터 칭찬을 많이 해주었다면 청소년이 되어서도 부모의 말을 있는 그대로 받아들이고, 스스로 자신을 격려하고 반성하는 여유를 가질 수 있습니다. 부모와의 관계가 돈독해지는 것은 물론이고 질풍노도의 시기도 별 탈 없이 무사히 보낼 수 있습니다.

저는 지금까지 아이의 행동을 잘 살펴보다가 적절한 타이밍에 칭찬하고, 똑같은 일을 했을 때 다른 표현으로 칭찬하며, 실패하더라도 칭찬을 아끼지 말라고 말했습니다. 이를 위해서는 무엇보다 편견에 사로잡히지 않은 다양한 시선으로 아이를 바라봐야 합니다.

부모가 다양한 표현으로 칭찬하면 아이는 자신도 모르는 사이에 그것을 흉내 내게 됩니다. "엄마, ○○는 우리 반에서 달리기를 가장 잘해. ○○이는 평소엔 조용한데 춤을 아주 잘 춰. 그리고 내가 좋아하는 ○○이는 우리 학교에서 가장 재미있는 아이야"라는 식으로 반 친구들의 장점을 찾아내어 말할 수 있게 됩니다. 그리고 "엄마, 솔직히 나는 공부에는 자신이 있지만 운동에는 자신이 없어"라고 자기 자신에 대해서도 여유를 가지고 이해할 수 있게 됩니다.

늘 위축되어 있는 아이로 키우지 않으려면…

아프리카의 소수 부족 중 하나인 바벰바족은 지구상에서 가장 낮은 범죄율을 자랑하는 민족입니다. 물론 이곳도 사람이 사는 곳이라 늘 크고 작은 사건이 일어납니다. 하지만 죄를 지은 사람을 벌하는 방법이 아주 특이합니다.

마을에서 누군가 잘못을 저지르면 바벰바족의 족장은 그 사람을 광장 한복판에 세워놓고 부족민 전체를 모이도록 합니다. 부족민들은 잘못을 저지른 사람을 한가운데 두고 커다란 원을 만듭니다. 그리고 한 사람씩 돌아가며 그 사람의 선행과 미담, 장점 등을 쉬지 않고 이야기합니다. 이때는 농담이나 비난을 해선 안 되는데, 모두 진심을 담아 죄지은 사람을 칭찬해야 합니다.

몇 시간 동안 이어진 칭찬 릴레이가 끝나면, 족장은 그가 새사람이 되었다고 선언하고 마을 사람들은 다시 태어난 것을 축하하는 잔치를 열어줍니다. 이는 잘못을 저지른 사람의 바닥까지 떨어진 자존심과 자존감을 높여주게 됩니다. 실제로 죄를 지은 사람은 자신의 잘못을 깨닫고 착한 사람으로 거듭나겠다는 다짐을 하게 된다고 합니다. 이것이 바로 바벰바족의 범죄율이 낮은 이유입니다.

우리는 아이가 잘못을 저지르거나 실수하면 꾸중이나 질책으로 바로잡으려고 합니다. 아이의 잘못된 행동이 칭찬과 격려로 달라질 수 있다고 생각하지 않기 때문입니다. 특히 예의범절을 중시하는 동양권 문화에서는 아이의 버릇을 매우 중요하게 생각합니다. 그렇다 보니 다른 사람에게 손가락질당하지 않는 아이로 키우기 위해 부모들은 더욱 엄격해질 수밖에 없습니다.

물론 예의도 중요하고 타인의 평가도 중요합니다. 하지만 엄격하고 권위적인 부모 아래서 성장한 우리의 모습을 떠올려봤을 때 어떤 생각이 듭니까? 자존감은 온데간데없고 늘 위축되어 다른 사람들이 자신을 어떻게 볼지 눈치 보기에 바쁩니다. 자신의 아이를 소심한 사람으로 키우고 싶은 부모는 아마 없을 것입니다.

실제로 유대인 부모들은 자녀가 어릴 때부터 "네, 할 수 있어요"라는 말을 입에 달고 삽니다. "우리 ○○이는 노래를 잘할 수 있어요" "우리 ○○이는 공부를 잘할 수 있어요" "우리 ○○이는 인사를 잘할 수 있어요"라고 말하는 것입니다. 물론 아이가 공부를 못할 수도 있습니다. 하지만 실패를 경험한 아이들은 오히려 더 단단해지고 성숙한 사고를 하게 될 것입니다. 실패를 극복하는 과정을 거쳐 문제 해결 방식을 스스로 터득하고, 같은 상황에 처했을 때 똑같은 실수를 되풀이하지 않기 때문입니다.

사실 아이의 실수를 바라보는 부모보다 실수한 당사자인 아이가 더 괴롭고 힘들 것입니다. 이런 상황에서 부모가 질책하면 아이는 더 큰 불안감을 느끼게 됩니다.

하지만 우리는 어떻습니까? "안 돼!" "하지 마!" "위험해!" "얌전히 있어"라는 말을 가장 많이 사용합니다. 아이가 잘못을 저지르면 '저 행동을 어떻게 바꿔줄까'라고 생각하지 말고 '저 아이를 어떻게 칭찬해줄까'를 고민하기 바랍니다.

"꿀을 얻고 싶다면 벌통을 발로 걷어차지 마라"는 말이 있습니다. 이를 아이의 양육에 빗대어 이야기해보겠습니다. "아이에게 원하는 걸 얻고 싶다면 아이를 비난하지 마라" 정도가 되겠습니다. 부모가 계속 질책하면 자존심에 상처를 입은 아이는 자신의 실수를 인정하고 개선하려고 노력하기보다는 실수를 숨기기에 급급해하며 마음속으로 부모를 원망하게 됩니다.

부모는 아이에게 사랑의 말, 칭찬의 말, 격려의 말, 희망의 말, 축복의 말을 전달하는 사람이어야 합니다. 엄마의 말 한 마디가 아이의 인생을 바꿀 수 있다는 점을 절대 잊어선 안 됩니다. 이것이 바로 우리가 지금 "네, 할 수 있어요"와 "안 돼!" "하지 마"의 차이를 생각해봐야 하는 이유입니다.

Chapter
4

세상에 문제 아이는 없다
-아이의 문제 행동 너머 진짜 마음

말을 듣지 않는 아이 : 말의 권위를 세우려면 육아 비전부터 다시 써라
의욕이 없는 아이 : 때론 적절한 보상이 아이의 자발성을 끌어낸다
폭력적인 아이 : 아이의 폭력성, 부모가 원인이다
갑자기 방황하는 아이 : 다그치기보다 마음을 읽어주자

말을 듣지 않는 아이 :
말의 권위를 세우려면 육아 비전부터 다시 써라

Q. 사소한 거짓말이 늘어 걱정입니다

일곱 살 여자아이입니다. 그림책이 펼쳐진 채 여기저기 굴러다니고 있어 "책을 다 봤으면 제자리에 가져다 놓아야지!"라고 주의를 주면 "정리했어"라고 대답합니다. 눈앞에 뻔히 책이 펼쳐져 있는데도 눈 한 번 깜빡이지 않고 거짓말을 합니다. 며칠 아니 몇 시간 후에 드러날 거짓말도 아니고 바로 눈앞에서 밝혀질 거짓말을 습관적으로 합니다. "학습지 다 풀었어?" "네" "양치질 했어?" "했어요" "장난감 치웠어?" "네"라는 식입니다. 저는 아이를 많이 야단치는 편도 아니고, 아이에게 공허한 약속을 하는 편도 아닙니다. 강압적으로 아이를 대한 적이 없다고 자신있게 말할 수 있습니다. 그런데 도대체 아이가 왜 이러는지 그 이유를 모르겠습니다. 무엇보다 허언벽(虛言

癖, 일상생활에서 거짓말을 일삼는 병적인 상황)이 생기지 않을까 걱정입니다.

A. 거짓말을 했다고 몰아붙여선 안 됩니다

엄마들은 아이들이 거짓말을 하면 큰 충격을 받습니다. 다른 아이라면 몰라도 내 아이만큼은 착하고, 순진하고, 예의바르다고 생각하기 때문이지요. 이번 상담 사례에서처럼 아이가 습관적으로 거짓말을 한다는 걸 알게 되면 엄마는 하루라도 빨리 그 버릇을 고치려고 할 겁니다.

예를 들어 다섯 살 정도의 아이가 동생 몫의 샌드위치를 먹어 버리고 "먹지 않았어요"라고 말합니다. 샌드위치를 먹는 모습을 엄마가 봤는데도 말입니다. '먹지 않았다'라는 아이의 말에 황당함을 느낀 엄마가 아이에게 되묻습니다.

"그럼 누가 먹었지?"

"곰돌이가 먹었어요!"

엄마의 물음에 아이는 앉아 있던 의자에 그려진 곰돌이 캐릭터를 가리킵니다. 아이의 입 주변에 분명히 샌드위치를 먹은 흔적이 남아 있는데도 말입니다. 이런 상황에서 엄마들은 대부분 아이의 거짓말을 심각하게 받아들이기보다 '귀엽다'라고 생각합니다. 아이의 이런 애교스러운 거짓말은 발달 과정에서 자연스럽게 나타나는 일로 '아이가 거짓말을 할 수 있을 정도로 성장했다'라고 생각해도 좋을 것입니다.

그러나 이번 상담 사례의 경우엔 단순히 귀엽다고 생각할 수 있는 나이가 아닙니다. 아이는 엄마에게 야단맞는 것이 싫어 '변명'을 하려는 것뿐입니다. 엄마의 야단을 회피하기 위해 곧 들통이 날 것을 알면서도 거짓말로 변명하고 상황을 모면하려는 것입니다.

이런 상황에서 부모가 아이의 버릇을 고치겠다고 강하게 나가면 아이는 또 다른 거짓말을 찾게 됩니다. 부모가 증거까지 제시하며 아이를 몰아세우면 이를 감추려고 더 큰 거짓말을 하게 됩니다. 거짓말이 꼬리에 꼬리를 물고 무한대로 증식하는 것입니다. 게다가 이런 거짓말은 점점 교묘해집니다. 간혹 "어린아이가 어떻게 이토록 교묘하게 거짓말을 하죠?"라고 묻는 부모들이 있는데, 거짓말은 나이를 따지지 않습니다. 다섯 살짜리 아이라도 어른처럼 거짓말을 할 수 있습니다.

아이의 이런 행동을 고치려면 무엇보다 '야단치는 것을 전제로 한 육아'를 하지 말아야 합니다.

이 상담 사례처럼 "제자리에 가져다 둬"라며 처음부터 야단치는 듯한 어조로 지적할 것이 아니라 "그림책이 펼쳐진 채로 나뒹굴고 있네. 같이 치울까?"라고 말하거나 "어? 여기 굴러다니는 그림책, 누구 것일까?"라고 유머를 섞어 말하는 것이 좋습니다. 엄마가 화를 내지 않으니 아이는 거짓말까지 하며 애써 변명할 필요가 없습니다. 이때 아이가 조금이라도 정리하려는 행동을 보이면 칭찬을 많이 해주는 것이 좋습니다.

아이가 용기를 내어 정직하게 미안하다고 말하면 부모는 무조건적으로 용서하고 이해해줘야 합니다. 아이가 용서를 구하는데도 부모가 "거 봐, 엄마는 네가 거짓말 하는 것 다 알고 있었어! 도대체 왜 거짓말을 하는 거야?"라고 반응한다면, 아이는 야단맞는 것이 무서워 앞으로도 계속 거짓말을 할 수밖에 없습니다. 모처럼 정직하게 용서를 구했는데 부모가 결과만 가지고 엄하게 꾸짖는다면 아이는 정직하게 말하는 것이 오히려 손해라는 생각을 하게 됩니다.

흔들림 없는 신념으로 아이를 키우려면…

이번 사례처럼 '거짓말을 한다' '용돈을 함부로 쓴다' '친구를 심하게 비난한다' 등 단순한 습관이 아닌 아이의 미래를 걱정하게 만드는 고민을 호소하는 부모가 많습니다. 하지만 이는 단순히 내 아이만 겪는 문제가 아니라 아이의 성장과 발달 속도에 따라 반드시 등장하는 과정입니다. 그럼에도 육아에 경험이 없는 엄마들은 아이의 단편적인 모습만 보고 "이런, 거짓말쟁이가 되어버렸네!"라고 큰 충격을 받습니다.

아이의 성장 과정에 필연적으로 등장하는 단편적인 모습에 충격받지 않고 흔들림 없는 신념으로 아이를 키우려면 '어떤 아이로 키우고 싶은가'라는 육아 비전을 엄마가 구체적으로 그리고 있어야 합니다.

육아에서 비전이라고 하면 어쩐지 과장된 이야기처럼 들릴지도 모릅니다. 하지만 굉장히 중요한 일이기 때문에 여기서 반드시 짚고 넘어가고자 합니다. 이번 상담 사례에 빗대어 말하자면 이 엄마는 '내 아이가 정리할 줄 아는 아이'가 되었으면 하는 생각이 강한지도 모르겠습니다. 하지만 정리할 줄 아는 아이가 되었으면 하는 마음의 한구석에는 '엄마를 힘들게 하지 않는 아이를 원한다'거나 '성가시게 하지 않는 아이를 원한다'는 부모의 바람이 숨어 있는 경우가 있습니다.

'나를 힘들게 하지 않는 아이를 원한다' '성가시게 하지 않는 아이를 원한다'라는 것은 아주 근시안적이며, 당장 눈앞에 보이는 것만을 보는 부모의 희망사항입니다. 아이의 장래까지 가지고 갈 수 있는 비전이라고 볼 수 없습니다.

이런 희망이 육아 비전이 되어버린다면 아이가 방을 어지럽혔을 때 엄마는 당연히 야단치는 것으로 반응합니다. 하지만 이런 '눈앞의 비전'만으로는 아이의 행동을 바람직한 방향으로 이끌기 어렵습니다.

'정리할 줄 아는 아이'가 아니라 '꼼꼼한 아이'라고 말하는 것은 어떻습니까? '꼼꼼한 아이'라는 표현이 '정리할 줄 아는 아이'보다 다소 넓은 의미로 쓰이긴 하지만, 여전히 추상적이기는 마찬가지입니다. 만약 "꼼꼼한 아이란 어떤 아이입니까?"라고 묻는다면 엄마들은 선뜻 대답하지 못할 겁니다. 머릿속에는 분명 여러 개의 단어가 떠오를 테지만 말입니다. 이런 '애매한 비전'도 육아를 위험에 빠뜨립니다. '꼼꼼한 아이란 어떤 아이인가' 역시 구체적인 이미지가 아니기 때문입니다.

부모 자신도 꼼꼼한 아이에 대한 정의를 내리지 못하면서 그저 자신의 기준에 흡족하지 않다는 이유로 "넌 어째서 꼼꼼하게 정리를 하지 못하니?"라고 야단을 칩니다. 결국 '꼼꼼함'의 정의를 알 수 없는 아이는 꾸중을 모면하기 위해 또 다른 거짓말로 상황을 넘기려고 할 겁니다. 부모가 아이를 구석에 몰아넣고 "너는 정말 어쩔 수 없는 구제불능이구나!"라고 단정 짓는 일까지 벌어집니다.

▌가능한 구체적인 '육아 비전'을 세웁니다

엄마들에게 목표로 삼으라고 하는 것은 정리할 줄 아는 아이라는 '눈앞의 비전'도, 꼼꼼한 아이와 같은 '애매한 비전'도 아닙니다. "적어도 중학생이 되기 전까지 스스로 정리 정돈을 할 수 있는 아이로 키우겠다"라는 구체적인 비전이 필요합니다.

이런 비전을 가슴에 품고 있으면 "꼼꼼하게 정리하라고 얼마나 말해야 알아듣겠니!"라고 야단치듯 말할 필요가 없습니다.

'오늘은 하지 못했지만 내일은 할지도 몰라'라고 느긋하게 생각하는 것이 가능하며, "엄마랑 누가 더 빨리 치우는지 시합해 볼까?"라며 유머를 잃지 않고 상황을 게임으로 변화시키는 대처법도 가능해집니다. 구체적 비전은 아이의 행동을 좋은 쪽으로 이끄는 것뿐 아니라 엄마의 행동을 변화시키는 데도 많은 도움이 됩니다.

이번 상담 사례에서처럼 정리하지 않고도 정리했다고 거짓말하는 아이의 경우 부모가 이처럼 반응한다면 아이는 굳이 변명거리를 찾지 않아도 됩니다.

어른들도 마찬가지입니다. 우리 주변에는 너무도 태연하게 거짓말을 하는 어른이 많습니다. 이들은 자신의 거짓말에 티끌만큼의 죄책감도 느끼지 않습니다. 반면 작은 거짓말에도 스스로 질책하며 괴로워하는 사람도 있는데, 대부분은 괴로워하는 행위에서 자신의 행동을 끝냅니다. 상대에게 찾아가 사실대로 이야기하고 용서를 구하는 사람은 많지 않습니다. 이런 말을 하는 이유는 바로 '나쁜 짓을 했을지 모른다' '상대에게 상처를 입혔을지 모른다'라는 죄책감이나 불편한 마음까지도 육아의 과제가 되기 때문입니다.

예를 들어 '공부만 잘하면 된다'라는 눈앞의 비전도 아니고, '총명한 인간으로 키우고 싶다'라는 애매한 비전도 아니고, '모르는 것을 스스로 알아내는 자기주도적 학습이 가능한 아이로 키우고 싶다'라는 구체적인 비전을 생각해봅시다.

"당신은 아이가 어떤 사람으로 성장하기를 바랍니까?"라는 질문에 많은 부모가 "배려하는 아이가 되었으면 좋겠습니다"라고 대답합니다. 그래서 "엄마가 생각하는 배려하는 아이란 어떤 아이입니까?"라고 다시 물어보면 대부분은 우물쭈물하고 답변을 얼버무립니다.

"배려하는 아이라는 단어에서 떠오르는 구체적인 이미지를 말해줄 수 있나요?"

"구체적인 이미지를 어떻게 떠올려야 하는지 모르겠어요."

그렇다면 지금부터 '배려하는 아이'에 대해 구체적으로 생각하는 방법을 알아보겠습니다. 가장 먼저 마음속으로 '눈에 선명하게 떠오를 수 있을 정도로 구체적인 이미지'를 그려봅니다. 예를 들어 곤경에 처한 사람을 발견하면 돕는 아이, 여동생을 잘 돌봐주는 오빠, 어른에게 반드시 자리를 양보하는 아이, 친구에게 장난감을 빌려주는 아이, 밝게 인사하는 아이, 고맙다고 진심으로 말할 수 있는 아이, 사람을 헐뜯기보다는 장점을 발견해내는 아이 등 당장 아이의 행동을 묘사할 수 있을 만큼 구체적인 이미지를 떠올려보는 것입니다.

육아 비전을 야단치는 도구로 사용해선 안 됩니다

부모라고 해서 어떤 상황에서든 항상 적절하게 대처할 수 있는 것은 아닙니다. 교사도 마찬가지입니다. 부모도, 교사도 어른이기 이전에 사람이므로 누구나 실수할 수 있습니다. 아이에게 적절하지 않게 대처한 뒤에 '내가 왜 그랬을까?'라고 후회할 수도 있습니다.

그러나 구체적인 비전만 가진다면 이런 문제는 저절로 해결됩니다. 구체적인 비전은 육아라는 망망대해에 떠 있는 부표와 같아서 엄마가 고민스러울 때마다 다시 나타나 방향을 제시해주는 이정표가 됩니다. 다소 시행착오가 있더라도 육아를 바른 방향으로 이끌어줄 나침반이 되어줍니다.

부모가 만들어놓은 구체적인 비전은 무의식중에 아이한테도 전달됩니다. 만약 부모가 '공부만 잘하면 된다'라는 바람을 가지고 있으면 아이는 '엄마는 내 마음보다 성적이 더 중요하다'라는 생각을 하게 됩니다. 학교에서도 공부 잘하는 친구는 좋은 친구, 공부 못하는 친구는 나쁜 친구라고 생각하게 됩니다. 애초부터 좋은 인간관계 형성이 어려울 수밖에 없습니다.

반면 여기 '모르는 것을 스스로 알아내는 자기주도 학습이 가능한 아이로 키우겠다'라는 비전이 있는 부모가 있습니다. 이 집은 온 가족이 모여 텔레비전을 보다가 낯선 지명이 나오면 함께 지도나 관련된 책을 가져다가 즉시 이를 알아보는 것이 습관화되어 있습니다. 부모가 '모든 것을 스스로 알아내는 아이'라는 구체적인 비전을 가지고 있기 때문입니다. 이런 가정의 부모는 자연스레 아이에게 학습적으로 필요한 도움을 주고, 아이는 모르는 것이 있으면 스스로 알아내려고 노력할 것입니다. 굳이 부모가 "공부 좀 해라!"라고 소리를 지르지 않아도 자기주도 학습이 가능한 아이로 성장하는 것입니다.

부모가 언제까지나 공부하라고 하며 뒤를 쫓아다닐 수는 없습니다. 아이가 새로운 것을 알아보고 발견하는 일 자체를 즐길 수 있다면 "공부 좀 해라. 공부해서 남 주니?"라는 말 자체가 사라질 겁니다. 즐거운 일은 누가 시키지 않아도 하는 게 바로 사람의 본능이기 때문입니다.

어느새 부모의 육아 비전이 야단치기 위한 수단이 되어 있지는 않습니까? 혹시 '엄마를 힘들게 하지 마라'는 어른 중심의 비전이 되어 있지는 않습니까? 현재 자신의 육아 비전이 아이가 '좋아하는 것' '흥미 있어 하는 것' 중심으로 되어 있는지 다시 한 번 살펴봐야 할 때입니다.

Q. 아이가 축구에 흥미를 잃은 것 같아요

아이가 축구를 시작한 지 3년이 조금 넘었습니다. 현재 아홉 살인데, 축구를 시작할 때부터 지금까지 저는 아이가 축구를 매우 좋아한다고 생각했습니다. 아이가 원해서 시작한 일이니까요. 그런데 요즘 아이의 컨디션이 별로 좋지 못합니다. 슬럼프에 빠진 듯해서 "조금만 더 열심히 연습하면 지금보다 더 잘할 수 있어"라고 위로해주었습니다. 그런데 아이의 얼굴 표정이 더욱 어두워지더니 "난 잘하지 못해도 괜찮아"라고 대답했습니다. 솔직히 아이의 말은 제게 충격이었습니다. 그렇다고 딱히 축구를 그만두고 싶어 하는 것 같지도 않거든요. 축구에 소질이 없는 것도 아니고 조금만 더 노력하면 얼마든지 좋아질 수 있는 아이라는 생각이 들어 무심코 "다음 시합에서 골을 넣으면 네가 좋아하는 건담 프라모델을 사줄게"라고 약속을 해버렸습니다. 뒤늦게 이 사실을 안 남편이 아이에게 보상으로 물건을 제안했다고 화를 냈습니다. 옳지 못한 습관이 든다는 것이지요. 남편의 걱정을 모르는 것은 아니지만, 아이의 기운을 북돋아주는 게 우선이라는 생각에서 한 약속인데…. 정말 제가 아이의 버릇을 망치고 있는 것일까요?

A. 때론 물질적 보상도 아이를 움직이는 동력이 됩니다

아이가 좋아하는 물건, 흥미를 보이는 물건을 이용해서 아이의 행동을 이끌어내거나 의지를 끌어내는 것도 의미 있는 방법입니다. 물론 교육학자나 교육평론가들 가운데는 "물건으로 아이의 환심을 사는 것이 한때 유행이었는데 이런 흐름은 옳지 않은 것으로 드러났고, 이는 아이의 의지를 끌어내는 올바른 방법이 아니다"라고 말하는 사람도 있습니다. 하지만 제 생각은 조금 다릅니다.

예전에 상담실을 찾아온 한 어머니가 있습니다. 막 초등학교에 입학한 큰아이가 동생이 태어난 이후 방과후교실에 가는 것을 거부했습니다. 엄마가 출산휴가로 집에 있던 여름방학에는 더더욱 방과후교실에 가기를 싫어했습니다. 아마도 '엄마가 집에 있는데 왜 함께 있을 수 없지?'라는 생각을 했던 것 같습니다.

매일 아침 어떻게든 큰아이를 달래 학교에 보내려고 했지만, 아이는 쉽게 고집을 꺾지 않았습니다. 산후조리를 도와주는 사람도 없는 상황에서 어떻게 아이 둘을 돌봐야 할지 막막해서 몸도 마음도 지쳐버린 엄마는 결국 큰아이를 끌어안고 울어버렸다고 합니다.

매일 아침 학교에 가지 않겠다고 떼를 쓰던 큰아이와 씨름하던 엄마가 마침내 좋은 방법을 하나 생각해냈습니다. 앙증맞은 지우개나 스티커를 유독 좋아하는 큰아이의 성향을 떠올린 것입니다. 엄마는 지우개와 스티커를 사서 하나하나 예쁜 봉투에 넣어 번호를 매겼습니다. 그리고 이를 작은 상자 안에 넣어두었습니다. 큰아이에게 줄 뽑기 경품을 만든 것입니다.

"방과후교실에 다녀오면 하루에 하나씩 뽑기를 할 수 있게 해줄게. 네가 좋아하는 뽀로로 스티커도 잔뜩 있어."

처음에는 시큰둥한 표정으로 별다른 반응을 보이지 않던 아이가 막상 뽑기를 해보더니 상황이 달라졌다고 합니다. 매일 아침 울지 않고 스스로 가방을 챙겨 학교에 가겠다고 했다는 것입니다. "엄마, 오늘은 크롱이 나왔으면 좋겠어요! 나 학교 갔다 오면 바로 뽑게 해줘야 해요!"라고 외치며 현관문을 열고 나간다는 것입니다.

저는 이 이야기를 듣고 "100점짜리 엄마네요"라고 칭찬해주었습니다. 이 엄마는 자신의 아이가 가장 좋아하는 게 무엇인지 확실히 알고 있었습니다. 이는 아이를 잘 살펴보지 않으면 결코 알 수 없는 일입니다. 게다가 엄마가 뽑기를 위해 사두었던 지우개와 스티커는 한 개에 500원 내지 열두 장에 3,000원 정도밖에 하지 않는 물건입니다.

사실 아이는 지우개나 스티커보다 엄마가 자신에게 관심을 갖고 있으며, 끊임없이 보살핌을 받는다는 사실이 더욱 기뻤을 것입니다. 동생이 생긴 뒤로 엄마를 빼앗겼다고 생각했는데, 엄마의 관심이 다시 돌아왔다고 느꼈을 것입니다. 아이들은 부모가 얼마나 많은 시간을 함께 보내느냐 하는 걸로 사랑의 무게를 평가합니다. 퇴근한 후 피곤한 아빠 앞에 앉아 동화책을 읽어달라고 조르고, 알아듣지도 못할 말을 쉬지 않고 재잘거리는 것도 바로 이런 이유 때문입니다.

그런데 방과후교실에 갔다오면 엄마가 말을 걸어주고, 뽑기를 뽑으며 함께 기뻐해주자 스스로 변한 것입니다.

뇌물과 보상의 한 끗 차이

반면에 이런 어머니도 있었습니다. 이 어머니에게는 아홉 살짜리 딸이 하나 있는데, 무슨 일인지 이 아이는 등교하는 것을 거부했고 결국 은둔형 외톨이가 되어버리고 말았습니다. 세상에 어떤 부모가 아홉 살밖에 되지 않은 딸을 은둔형 외톨이로 남겨두고 싶겠습니까.

엄마는 아이의 성격을 고치고 친구를 만들어주기 위해 2박 3일 동안 부모와 자녀가 함께하는 캠프를 계획했습니다. 하지만 이런 엄마의 마음을 헤아리지 못한 딸은 "난 캠프 따위 안 가!"라고 버럭 소리를 지르며 화를 냈습니다. 평소에도 분노 조절이 되지 않아서 한번 화가 나면 스스로 제어할 수 없어 화를 폭발해 버리는 일이 잦던 아이였습니다. 좀처럼 아이의 분노가 잦아들지 않자 '이대로는 안 되겠어'라고 생각한 엄마는 아이에게 다음과 같이 제안합니다.

"알았어, 알았다고. 그런데 캠프에 가면 네가 가지고 싶어 했던 게임CD를 사줄게, 어때?"

캠프에 가지 않겠다고 화를 내는 아이에게 "○○을 사줄 테니까 ○○을 하자"라고 말하는 것은 단순한 보상이 아니라 뇌물을 들이미는 것과 같습니다. 유감스럽지만 이런 행동은 마이너스 100점짜리입니다. 뽑기로 지우개나 스티커를 주었던 엄마와 무엇이 다르냐고 의아하게 여기는 사람이 있을 겁니다. 물론 표면적으로 보면 비슷한 것 같지만 이는 결코 같지 않습니다.

먼저 첫 번째 사례의 엄마는 격분한 아이를 달래려고 선물을 준 게 아닙니다. 근본적인 문제를 해결할 수 없는 임시방편일지라도 아이가 기분 좋게 방과후교실에 다녀오기를 바라는 마음으로 뽑기를 제안한 것입니다.

하지만 두 번째 사례는 어떻습니까? 아이가 격분한 듯 폭언을

퍼부으며 안 가겠다고 무섭게 화를 내자 엄마는 "자, 네가 원하던 게임CD 어때?"라고 제안한 것입니다.

이런 패턴이 반복되는 경우 아이는 자신이 분노를 표출하면 엄마에게 원하는 것을 얻어낼 수 있다거나 협상에서 유리한 조건을 끌어낼 수 있다는 것을 터득하게 됩니다. 이것을 터득한 아이는 부모와 대화를 통해서가 아니라 분노를 폭발시켜 자신이 원하는 것을 얻어내려고 합니다. 정도가 더 심해지면 단순한 분노 표출에서 끝나지 않고 폭력까지 휘두르게 됩니다. 의사결정을 부모가 아닌 아이 주도로 해왔기 때문에 이런 현상이 일어나는 것입니다.

내키지 않는 일이지만 은둔형 외톨이 아이에게 물건으로 보상해야 한다면 다음과 같은 방법을 권합니다. 분명 이 아이는 캠프에 가자는 부모의 제안을 거부할 것입니다. 그렇다면 아이가 분노를 터뜨리기 전에 넌지시 미끼를 던집니다.

"엄마는 네가 가지고 싶어 했던 게임CD를 슬슬 사줘야 할 때가 되지 않았나 생각하고 있어."

"정말? 나야 완전 좋지! 그런데 갑자기 왜?"

"화내지 말고 들어. 엄마는 게임CD도 사주고 싶고, 너랑 여름방학 때 2박 3일로 캠프에도 가고 싶은데 어떡하지?"

이때 아이가 "뭐? 캠프 따위 안 가!"라고 싫다는 반응을 보인다면 "그럼 게임CD는 살 수 없겠네. 아쉽긴 하지만 말이야"라며 던진 미끼를 거둬들입니다. 엄마가 두 번 설득하지 않고 바로 미끼를 거둬들이면 아이는 내심 헷갈립니다.

아이가 '산속 캠프라니 정말 싫어. 하지만 2박3일만 참으면 게임CD를 살 수 있으니 가볼까…'라고 생각한다면 더없이 좋은 일입니다. 게임CD가 목적이기 때문에 마지못해 간다고 해도 동행을 받아들였다는 것 자체로 충분합니다. 막상 캠프에 가보면 생각보다 재미있다고 느낄지도 모릅니다. 이렇게만 된다면 그야말로 뜻밖의 소득까지 생기는 것입니다. 그러면 겨울에 또다시 "이번에는 일주일 동안 산속 캠프에 가지 않을래?"라고 아이에게 제안할 수도 있습니다. 그러면 여름 캠프의 추억이 있는 아이는 "글쎄, 가면 좋겠지만…"이라고 한결 부드러운 태도를 보일지도 모릅니다.

여기에서 게임CD는 아이의 행동을 바꾸는 데 결정적인 역할을 했습니다. 자신의 역할을 충분히 완수한 것입니다. 이 사례에서도 볼 수 있듯 부모가 얼마나 적절하게 보상을 사용하느냐에 따라 아이의 분노도 줄어듭니다. 화를 내면 얻을 게 별로 없다는 사실을 아이가 경험을 통해 알았기 때문입니다. 한마디로 아이 주도가 아니라 부모 주도의 육아가 성공 비결인 것입니다.

'부모 주도'나 '어른 주도'라는 단어에 혐오감을 보이는 교육자도 적지 않습니다. 하지만 문제가 있는 아이들에게 동기부여를 하는 데 이보다 더 좋은 방법은 없습니다.

'의지'에 불을 붙이는 법

작은 지우개나 스티커, 게임CD, 건담 프라모델 등으로 아이에게 보상을 제안하는 것을 우리는 '외적 동기부여'라고 부릅니다. 만약 회사에서 급여나 보너스를 주지 않는다면 직장인들은 매일 아침 일어나 회사로 출근할 이유가 없습니다. 자신의 일에 일정한 보상이 주어지기에 직장생활을 하는 것입니다. 아이들 역시 마찬가지입니다.

무엇인가 새로운 일을 시작하는 초기 단계에서는 외적인 동기부여를 많이 사용하는 것이 좋습니다. 그런데 이번 상담 사례의 경우에는 '축구 선수인 아이에게 어떻게 하면 더 많은 골을 넣게 할 수 있을까?'가 목적이 아닙니다. 바로 '축구에 대한 아이의 잠재력을 높이기 위해 무엇을 할 수 있을까?' 하는 것이 고민입니다.

주위를 둘러보면 "우리 아이는 왠지 무기력해 보인다"라는 고민을 하는 부모가 적지 않습니다. 안 그래도 무기력한 아이가 걱정스러운데 이번 상담 사례에서처럼 "난 잘하지 못해도 괜찮아"라고 말한다면 놀라지 않을 부모는 없습니다. 단순히 축구가 문제가 아니라 모든 일에 흥미와 의지를 보이지 않는 무기력한 아이가 될까 봐 걱정스러울 것입니다. 하지만 '무기력하고 의지 박약인 아이로 자라면 어쩌지?'라는 관점에서 고민하는 것만으로는 아무런 해결책도 찾을 수 없습니다.

이때는 앞서 말한 외적 동기부여를 잘 이용해야 합니다. 단 보상으로 아이를 끌어내야 하므로 꾸중이나 질책은 절대 해선 안 됩니다. 아이에게 적절한 보상을 제안하기 전에 아이가 원하는 것이 뭔지를 찾아내야 합니다. 이는 아이를 잘 관찰해야만 알아낼 수 있습니다. 엄마가 원하는 게 아니라 아이가 좋아하는 것으로 보상을 제안해야 한다는 사실을 명심하기 바랍니다.

이번 상담 사례의 아이는 아홉 살입니다. 부모의 눈에는 어린 아이일 뿐이지만 축구 자체에서 즐거움이나 기쁨을 스스로 찾아낼 수 있는 나이입니다.

얼마 전에 똑같은 고민을 가진 엄마를 우연히 만나게 되었습니다. 학교에서 마침 방과후 축구교실이 생겨 아이를 보냈다고 합니다. 엄마의 권유로 축구교실에 등록했지만 처음에는 아이도 흥미를 보였다고 합니다.

"분명 처음에는 축구를 재미있어 했거든요. 그런데 성격 탓인지 자꾸 소극적인 모습을 보여서 정말 속상해요."

"아이가 소극적인 성격이라고 생각하는 이유가 뭐죠?"

"볼을 찰 기회가 와도 자신이 차지 않고 자꾸 친구들한테 패스하는 거예요. 보통 축구하는 애들을 보면 승부욕이 강해서 공을 빼앗으려고 하지 양보하지 않거든요. 페널티 에어리어에서 자신에게 온 공을 양보하는 경우는 거의 없어요. 하지만 우리 아이는 페널티 에어리어에서도 친구한테 공을 패스해줘요."

안타까운 마음에 엄마나 코치는 빗나가도 좋으니 슛을 한번 차보라고 용기를 주지만, 아이는 여전히 친구에게 공을 양보한 다고 합니다.

얼마 후 저는 그 아이를 데리고 학교 운동장으로 갔습니다. 그리고 아이와 함께 페널티 에어리어에서 슛 연습을 해보았습니다. 골문 바로 앞에서 여러 가지 방법으로 공을 굴리고, 아이가 최후의 슛을 결정하는 것을 계속해서 반복했습니다. 가끔 헛발질을 했지만 골문에 닿기만 하면 골인으로 인정해주었습니다. 공이 골문 깊숙한 곳에 들어가 박히는 쾌감을 몸이 기억할 수 있도록 한 것입니다. 공이 빗나가도 격려하고 골대를 맞춰도 칭찬해주었습니다. 엄마는 지금까지 아이가 이토록 즐겁게 연습에 집중하는 모습을 본 적이 없다고 했습니다. 엄마나 코치가 연습을 시키면 하기 싫은 것을 억지로 하는 것처럼 보였다는 것입니다.

"도대체 뭐가 아이를 이토록 즐겁게 만든 거죠?"

물론 칭찬과 격려입니다. 아이는 저와의 연습을 통해 '다음 시합에서는 슛을 넣으면 좋겠어' '가장 자신 있는 드리블을 좀 더 연습해서 페널티 에어리어까지 끌고 가야지'라는 의지가 생긴 것입니다.

프라모델을 갖고 싶다든가 칭찬받고 싶다든가 하는 이유가 아니라 축구 그 자체의 즐거움을 맛보기 위해 축구에 집중하는 것을 '내적 동기부여'라고 합니다. 보상을 다른 사람이 아닌 자기 자신한테서 찾는 것입니다.

육아의 최종 목표는 외적 동기부여가 아니라 바로 내적 동기부여를 강화해 어른들이 시키지 않아도 알아서 하는 아이, 보상 받기 위해서가 아니라 스스로 즐거움을 찾는 아이로 키우는 것입니다.

스스로 즐거움을 찾을 줄 아는 아이로 키우기 위해서

어느 유명한 바이올린 연주자의 이야기입니다. 그는 어린 시절 부모의 권유로 바이올린을 시작했습니다. 처음 한동안은 부모가 칭찬해주는 것이 기뻐서 열심히 연습했다고 합니다. 초등학생이 되어서는 같은 바이올린 학원에 다니는 여학생에게 주목받고 싶은 마음에 열심히 연습했다고 합니다. 중학생, 고등학생이 되어서는 바이올린을 켜는 자신의 모습에 관심을 보이는 사람들이 좋아서 연습에 열중했다고 합니다. 그러던 어느 날 사람들이 관심을 보이지 않아도 바이올린 연습에 심취해 있는 자신을 발견했습니다. 사람들의 환호성이 있든 없든 하루도 빼놓지 않고 바이올린을 켜고 있었던 것입니다. 게다가 사람들이 좋아할 만한 곡만 골라 연습하던 것에서 벗어나 새롭고 어려운 곡을 찾아 도전하게 되었습니다. 이런 일련의 과정을 통해 그는 세계적인 바이올린 연주자가 될 수 있었다고 합니다. 한마디로 바이올린의 시작은 부모로부터, 연습은 사람들의 관심으로부터 시작되었지만 결국 연주 그 자체에 기쁨을 느끼게 되었던 것입니다.

처음부터 바이올린을 잘 켜는 사람은 없습니다. 자신은 물론이고 주변 사람들이 들을 만한 소리를 내기 위해서는 오랜 연습이 필요합니다. 하지만 아이들 대부분은 원하는 대로 소리가 나지 않으면 바이올린을 쉽게 포기합니다. 이 과정을 버티기 위해서는 반드시 외적 동기부여가 필요합니다. 위의 바이올린 연주자한테서 외적 동기부여는 사람들의 관심이었습니다.

그렇게 어느 정도 바이올린에 익숙해지면 자연스레 '이 부분을 좀 더 멋지게 연주하고 싶어'라는 욕심이 생깁니다. 누가 시키지 않아도 연습시간을 늘리고, 점점 근사하게 바이올린을 연주하는 자신의 모습을 보고 '참 멋지지 않아?'라고 생각할 수도 있을 것입니다. 발표회나 콩쿠르에서 박수 세례를 받는 것도 기분 좋은 일이겠지만, 이보다는 자신의 음악 세계와 표현 기술을 좀 더 구축하려는 마음이 강해질 것입니다. 이런 과정을 통해 노력이 쌓이고 누적되면 또 다른 세계적인 바이올린 연주자가 탄생하게 될 것입니다.

'마땅히' '당연하게' 해야만 하는 일은 없습니다

일본의 유명한 프로야구 선수인 이치로도 이와 비슷한 과정을 거쳤다고 합니다. 이치로도 처음에는 아버지의 칭찬으로 야구를 시작했다고 합니다. 물론 야구를 시작한 초기에는 사람들의 관심이나 칭찬과 포상, 선물 등이 많은 힘이 되었을 것입니다. 하지만 이런 외적 동기부여의 힘만으로는 뛰어난 실력을 갖춘 야구 선수가 되지 못했을 것입니다. 공을 저 멀리 날리는 짜릿함을 맛본 뒤 '또 한 번 이런 기분을 느끼고 싶어' '더 멀리 공을 날려보고 싶어'라는 내적 동기부여가 강화되었을 것입니다. 단순히 물질적 보상만으로 사람의 마음을 움직이기란 사실상 불가능합니다. '해내고 싶어' '해낼 수 있어'라는 내적 동기부여가 가능하려면 반드시 아이의 마음이 움직여야 합니다.

그렇다고 해서 아직 어린아이에게 내적 동기부여만 제공해서는 안 됩니다. 아직은 보상이 중요한 나이이기 때문에 선물이나 용돈, 여행 등 외적 동기부여인 보상도 아주 중요합니다. 어린아이에게 보상 없이 동기를 부여하겠다는 것은 '어린아이가 공부를 열심히 하는 건 당연하다' '어린아이가 말을 잘 듣는 것은 당연하다' '어린아이가 착하게 구는 것은 당연하다'라고 생각하는 것과 같습니다. 앞서 말했지만 세상에 당연한 것은 없습니다. 어린아이라고 해서 '마땅히' '당연하게' '해야만 하는 일'은 없습니다.

아이를 움직이기 위해서는 선물과 보상이라는 외적 동기부여와 '하고 싶어' '반드시 해내고 싶어'라는 생각을 심어줄 수 있는 내적 동기부여를 적절하게 이용해야 합니다. 아이의 성향과 특성에 따라 이 둘의 균형을 맞추는 것이 바로 부모가 해야 할 일입니다.

▍보상을 해줘도 '너무 적다' ' 좀 더 달라'고 투정을 부린다면

아이가 갖고 싶어 하는 물건이 무엇인지를 확실히 알아내려면 노력이 필요합니다. 예를 들어 앞서 말한 게임CD는 사실 다섯 장으로 구성된 세트입니다. 아이가 "게임CD가 갖고 싶어"라고 하자 엄마는 "알았어"라고 했습니다. 아이는 엄마와의 약속을 잘 지켰고 이런 아이가 기특한 엄마는 아이에게 약속대로 게임 CD를 줍니다. 문제는 세트가 아니라 단 한 장이라는 것입니다.

아이가 엄마에게 "뭐야? 다섯 장 전부 사주는 거 아니었어? 치사해!"라고 불만을 토로하면 "그래? 엄마는 치사하니까 이것도 안 줄래"라고 말한 뒤 이를 실행에 옮기면 됩니다. 이때 아이가 "치사하지 않아, 치사하지 않아. 내가 잘못했어"라고 말하면 원래 주려고 했던 한 장의 게임CD를 선물해줍니다. 아이가 끝까지 받지 않겠다고 고집을 피우면 게임CD 세트는 절실한 물건이 아닌 것입니다.

다시 말하지만 아이가 아니라 부모가 주도해야 합니다. 굳이 게임CD 세트를 모두 달라는 아이의 말을 따를 필요는 없습니다. 이런 모습이 조금 심하다는 생각이 들지 모르지만 이 역시 부모의 생각일 뿐입니다. 어느새 아이는 '더 열심히 해서 빨리 게임CD를 더 받아야지' 라고 생각하고 있을지도 모릅니다.

폭력적인 아이 :
아이의 폭력성, 부모가 원인이다

Q. 마음에 들지 않으면 바로 친구를 때립니다

다섯 살 남자아이입니다. 얼마 전 유치원 선생님한테서 충격적인 전화를 받았습니다. 유치원에서 친구들과 장난감 쟁탈전이 벌어졌는데, 아들이 갑자기 소리를 지르며 주변 친구들을 때렸다는 것입니다. 집에서도 자신이 원하는 것을 얻지 못하면 괴성을 지르고 물건을 집어던지는 등 엄마인 제가 감당할 수 없을 정도로 무섭게 변합니다. 그 정도가 심할 때는 엄마와 아빠까지 때리기도 합니다. 하지만 친구들에게까지 폭력을 사용한 것은 처음입니다. "화내지 말고 원하는 것이 있으면 말로 해"라고 타일러 보지만 화가 날 때는 들리지 않는 모양입니다. 평소에는 얌전하고 착한 아이인데 일단 화가 나면 손부터 나가는 성격을 어떻게 바로잡아야 좋을지 모르겠습니다.

A. 손부터 나가는 것은 '성격 탓'이 아닙니다

특히 요즘에는 외둥이가 많다 보니 양보하고 배려하는 방법을 배우지 못하는 경우가 많습니다. 부모가 아무리 말로 "양보하는 착한 어린이가 되어야지"라고 말해도 집에서 양보할 대상이 없기 때문에 양보라는 의미가 추상적으로 들릴 수밖에 없습니다. 자신이 원하는 것을 포기할 이유가 많지 않기 때문입니다.

앞의 상담 사례처럼 장난감을 가지고 놀다가 자신의 아이가 친구를 때리는 모습을 본 엄마는 "친구를 때리면 안 돼!"라고 소리를 지르며 야단을 칠 겁니다. 그리고 맞은 아이가 다친 곳은 없는지를 먼저 살핍니다. 이런 모습을 본 아이는 서럽게 울기 시작합니다. "뭘 잘했다고 울어? 도대체 친구를 왜 때린 거야? 그래 놓고 우는 이유는 또 뭐야? 이유를 말해야 엄마가 알 것 아니야!"라고 추궁하듯 몰아세웁니다. 결론부터 말하자면 엄마의 이런 태도로는 어떤 문제도 해결할 수 없습니다. 아이의 울음소리는 더욱 커지고 엄마의 고함도 더더욱 커지는 악순환만 반복될 뿐입니다.

아이가 장난감 쟁탈전에서 갑자기 친구를 때렸다면, 엄마가 아이에게 적절한 행동을 가르치지 못했을 가능성이 높습니다. 앞서 말한 것처럼 "친구에게는 양보해야지"라는 것을 말로만 배웠다면 아이에게 양보라는 것은 그저 하나의 단어일 뿐입니다. 설탕을 앞에 놓고 "이건 단맛이야"라고 이야기하는 것과 똑같습니다. 설탕을 직접 맛보지 못한 아이는 단맛이 무엇인지 알지 못합니다. 아이의 폭력성을 누그러뜨리고 싶다면 무엇보다 설탕을 입에 넣어줘야 합니다. 친구 사귀는 방법과 의견을 조율하는 방법을 새롭게 가르쳐야 한다는 말입니다.

▎아이가 흥분할수록 엄마는 더욱 차분하게

자, 다시 장난감 쟁탈전 현장으로 돌아가 봅시다. 공원에서 장난감을 사이에 두고 친구들과 싸우던 아이가 먼저 친구를 때리기 시작했습니다. 이를 발견한 엄마는 아이의 손을 잡고 "미안해"라고 이야기하도록 유도합니다. 엄마의 단호한 목소리에 놀라서 바로 미안하다고 말하는 아이도 있겠지만 분노에 찬 눈길로 씩씩거리며 입을 꾹 다물어버리는 아이도 있을 것입니다. 사실 이 순간 아이의 미안하다는 말은 별로 중요하지 않습니다. 시간의 차이만 있을 뿐 결국 사과하게 될 테니까요.

엄마가 아무리 야단쳐도 미안하다는 말을 하지 않을 때는 아이를 그 자리에서 공원 끝으로 30미터 정도 데리고 갑니다. 그러고 나서 조용하고 단호한 목소리로 "친구를 때리면 안 돼" "장난감을 빌려달라고 한번 말해보자"라고 아이를 달랩니다. 흥분한 상태의 아이를 상대하다 보면 엄마가 더 흥분해서 목소리가 커지는 경우가 많습니다. 이런 경우 아이의 공격적인 성향을 더욱 자극하게 됩니다. 아이의 흥분 상태를 가라앉히고 이성적인 대화를 하고 싶다면, 흥분한 아이를 상대하는 엄마는 차분하고 의연하게 대처해야 합니다. 아이를 협박하고 위협하는 행동은 오히려 상황을 악화시킬 뿐입니다.

엄마가 다른 장소로 데리고 가면 아이는 분명 "싫어, 싫다고요"라면서 울고 저항할 것입니다. 아이가 저항하는 모습을 보인다는 것은 '놀던 곳에서 끌고 나오는 작전'이 효과적이라는 이야기도 됩니다. 다시 말해서 격앙되고 과잉된 감정을 가라앉히고 있다는 뜻입니다.

친구들과 약간 떨어진 장소에서 아이가 점차 안정을 되찾으면 친구들이 모여 있는 곳으로 돌아갑니다. 이때 아이가 또다시 폭력적인 모습을 보인다면 아이를 다시 30미터 정도 끌고 나와야 합니다. 그런 뒤 조용하고 의연한 목소리로 "친구를 때리면 안 돼" "장난감을 빌려달라고 다시 한 번 말해보자"라고 반복합니다. 이때 감정적으로 "몇 번이나 말을 해야 알아듣겠어?" "네가 깡패야?" 등 언성을 높이면 안 됩니다. '친구를 때리면 친구들이 있는 곳에서 끌려온다'라는 경험을 깨우치도록 하는 게 핵심입니다.

만약 그래도 아이가 고집을 꺾지 않고 울고불고 난리를 친다면 낮고 차분한 목소리로 "친구를 때렸으니까 오늘은 그만 집으로 돌아가자"라고 말한 뒤 아이를 데리고 집으로 돌아옵니다. 이때 아이가 "미안해. 내가 잘못했어"라고 뒤늦게 사과해도 그대로 집으로 데리고 와야 합니다. 여기서 아이의 사과는 친구를 때린 미안함이 아니라 계속 놀고 싶다는, 집으로 끌려가고 싶지 않다는 마음을 표현한 것이기 때문입니다.

이제 아이는 자신이 친구를 때리면 친구들이 있는 곳에서 멀어지는 것은 물론이고 함께 놀지도 못하고 집으로 돌아와야 한다는 것을 알게 됩니다. 그러면 아이는 같은 상황에서 친구를 때리는 게 아니라 "장난감 좀 빌려줄래?"라고 말해야 한다는 것을 깨닫게 됩니다.

부모가 아이를 대하는 태도와 말투를 조금만 바꾸어도 아이는 얼마든지 변합니다. 아이의 잘못된 행동을 바로잡고 싶다면 아이가 변하기만을 기다리지 말고 부모가 먼저 자신의 모습을 바꾸어야 합니다. 아이가 흥분하며 고집을 피울 때는 함께 흥분하지 말고 자신의 감정을 절제하는 지혜를 발휘해야 합니다. 부모의 강요가 아닌 아이 스스로 반성하고 변화할 기회를 줄 수 있는 현명한 부모가 되어야 합니다.

절대 해선 안 되는 말, "얘는 도대체 누굴 닮아서 이 모양이야!"

이번 상담 사례에 대한 답변은 지금까지 서술한 것이 전부입니다. 그런데 한 가지 신경 쓰이는 점이 있습니다. 그것은 질문에서 '아이가 말로 잘 표현하지 못하고 손부터 나가는 성격'이라고 이야기한 부분입니다. 이를 보면 엄마는 아이의 폭력성을 성격 탓이라고 생각하는 것 같습니다.

그래서 아이 엄마에게 묻겠습니다.

"아이의 폭력성이 왜 나타난다고 생각하십니까? 성격이 워낙 다혈질이라서? 원래 욱하는 아이라서? 성격이 거친 남자아이라서요?"

사실 '아이'와 '폭력'이란 단어는 쉽게 연결시킬 수 있는 단어가 아닙니다. 하지만 요즘 폭력적인 성향의 아이가 많아진 것도 사실입니다.

아이의 폭력성에는 다양한 원인이 있지만 한 가지는 단언할 수 있습니다. 그것은 바로 아이의 폭력성이 타고난 성격 탓은 아니라는 것입니다. 아이들은 화가 나면 여러 가지 방법으로 자신의 감정을 표현합니다. 울거나, 떼를 쓰거나, 소리를 지르거나, 떼굴떼굴 구르기도 합니다. 폭력 역시 이런 표현 중 하나입니다. 자신이 원하는 것을 얻지 못했을 때, 아무도 자신의 마음을 알아주지 않을 때, 상처받았을 때, 누군가 자신의 말을 들어주길 원할 때 폭력으로 이를 표현하는 것입니다.

엄마는 깨닫지 못하지만, 이 아이는 자신의 마음에 들지 않는 것을 폭력성으로 표현하고 있습니다. 실제로 육아 상담을 받으면서 "우리 아이는 마음에 들지 않는 게 있으면 갑자기 사람을 때려요"라고 고민을 토로한 엄마가 있었습니다. 그런데 저는 상담 30분 전 대기실에서 엄마가 아이를 때리는 것을 목격했습니다. 얌전히 있으라고 윽박지르면서 말입니다.

　이는 엄마가 그렇게 걱정하는 폭력적인 아이를 만든 장본인이 다름 아닌 엄마 자신이라는 것을 알려줍니다. 분노가 치밀면 아이를 때리는 엄마의 모습을 아이가 그대로 답습했다는 이야기입니다. 다시 말해 엄마가 아이에게 '마음에 들지 않는 일이 있으면 상대를 때릴 수밖에 없어'라는 것을 몸소 보여주고 있는 셈입니다.

　특히 동양에서는 엄격함을 아버지의 상징이라고 생각하는 경향이 있습니다. 그래서 유독 폭력적인 아버지가 많습니다. 아버지가 자주 폭력을 행사하는 경우 아이는 아버지의 모습을 그대로 배웁니다. 폭력적인 아버지의 모습을 싫어하지만 자신도 모르게 답습하는 것입니다. 결국 자신의 분노와 화를 폭력으로밖에 표출하지 못하는 어른으로 성장합니다.

　부모는 아이의 거울이라는 말이 있습니다. 이는 좋은 모습도 닮지만 나쁜 모습도 그대로 배울 수밖에 없다는 뜻입니다. 문제는 폭력성의 원인이 양육 환경에 있다고 생각하지 않는 데 있습니다. 부모 자신의 모습에서 비롯된 문제임에도 '나쁜 버릇은 아이의 성격 탓이기 때문에 고쳐주어야 한다'라고 믿는 것입니다. 최악의 경우 이런 사례도 있었습니다.

　언젠가 손자의 폭력성과 공격성을 걱정하던 할머니가 상담실을 찾아왔습니다. 그런데 이 할머니는 아이 엄마인 며느리를 마음에 들어 하지 않았습니다. 그렇다 보니 손자가 보여준 폭력성의 원인을 며느리에게서 찾았습니다.

"선생님, 저는 도대체 이해할 수가 없어요. 우리 아들은 온순해서 사람들한테 싫은 소리 한번 하는 걸 못 봤어요. 사람한테 손을 댄다는 것은 정말 상상조차 못해요. 그런데 우리 손자는 왜 그럴까요? 대체 누굴 닮은 걸까요? 아니, 닮긴 누굴 닮았겠어요, 제 엄마를 닮았겠지요. 우리 며느리 성격이 좀 독하거든요."

손자의 폭력성을 유전 탓이라고 생각한 것입니다.

'도대체 누굴 닮은 걸까?'라는 언어 공격과 비슷한 예는 얼마든지 있습니다.

"엄마와 같은 B형이기 때문에 자기중심적이야."

"혼자 자라서 제멋대로야."

이런 말을 한 번쯤은 들어보지 않았습니까?

상대의 나쁜 버릇을 성격 탓, 유전적인 요인 탓으로 돌려버리는 것은 너무도 일차원적이고 어처구니없는 발상입니다. 특히 부모가 이런 발상에 사로잡혀 있으면 육아는 나쁜 방향으로 흘러갈 수밖에 없습니다.

폭력성, 타고난 '기질'이 아니라 바뀔 수 있는 '행동'입니다

그렇다면 '성격'이란 무엇일까요? 사람의 성격은 타고나는 것일까요, 아니면 환경적 요인으로 변하는 것일까요? 이는 여러 심리학자가 몰두하고 있는 주제입니다.

일반적으로 성격은 타고난 것이라고 말합니다. '한번 타고난 성격은 절대 변하지 않는다'라는 인식이 강합니다. 그래서 많은 엄마들이 아이가 손부터 먼저 나가는 성격이라고 낙담하거나 아빠를 닮으면 큰일이라고 조바심을 내는 것입니다.

아이가 친구에게 폭력을 가하는 것은 타고난 성격이 아니라 행동의 특징, 즉 '변화될 여지가 있는 것'이라고 생각하면 그나마 느긋해지지 않겠습니까. '우리 아이가 다른 아이들보다 좀 폭력적이기는 하지만, 조금만 노력하면 얼마든지 변화할 수 있어'라는 생각이 들지 않습니까?

아이의 좋지 않은 행동을 성격 탓, 유전적인 요인 탓이라고 생각하면 이제 더는 어떻게 할 수 없다는 절망적인 생각이 듭니다. 하지만 행동의 특징이라고 생각하는 순간 운명론에서 해방됩니다. 절망과 좌절감은 줄어들고 변할 수 있다는 희망이 생깁니다. 이는 매우 중요한 포인트입니다.

행동은 성격과 달리 변화되는 것이기에 그에 상응하는 연습이 필요합니다. 물론 성격이라고 불릴 만큼 특징적인 행동 패턴은 이른바 강한 습관이 되었기 때문에 변한다는 것이 말처럼 쉽지 않습니다. 하지만 20년 동안 매일 하루에 두 갑의 담배를 피운 애연가가 담배를 끊고, 당뇨병 진단을 받은 사람이 30년 동안의 식습관을 바꾼 모습을 떠올려봅시다. 자신의 행동을 변화시키기 위해 쉼 없이 노력한다면 분명 몸에 밴 습관도 바꿀 수 있습니다.

그래서 유아기부터 좋은 습관을 갖는 것은 참으로 중요한 일입니다. 아이의 공격성과 폭력성을 보면서 '타고난 성격이기 때문에 어쩔 수 없어'라고 포기하는 것은 육아에서 가장 큰 직무유기라고 할 수 있습니다.

한 가정에 삼형제가 있습니다. 한 부모 밑에서 태어났으면 성격이나 성향이 비슷해야 하지 않을까요? 하지만 장남은 잘 울고, 둘째는 잘 때리고, 막내는 한번 기분이 상하면 좀처럼 풀어지지 않습니다. 이런 모습을 본다면 부모는 대부분 "아이들 성격이 제각각이에요"라고 말하지만, 이는 성격이 아니라 '행동의 패턴이 제각각'인 것입니다.

폭력적인 아이의 성향이 걱정스럽습니까? 그렇다면 지금부터라도 아이의 성격이 아닌 행동을 살펴보아야 합니다. 아이가 자신의 욕구를 자연스럽게 표현하고 전달하도록 행동을 바로잡아주어야 합니다. 아이의 공격적인 성향은 자신의 감정 표현을 막힘없이 드러내고, 욕구를 조절하게 되면 자연스럽게 해결됩니다. 그러니 오늘부터라도 '아이에게 어떤 행동이 몸에 배면 좋을까?'라고 생각의 방향을 바꿔보도록 합니다. 부모가 아이를 바라보는 시선만 바뀌어도 아이의 행동은 많이 달라집니다.

'문제 아이는 없다. 다만 문제 부모만 있을 뿐이다'

"아무것도 아닌 일에 화를 내고 동생을 때려요."

"마음에 들지 않는 일이 있으면 물건부터 집어던져요."

예상치 못한 아이의 폭력성과 공격성으로 고민하는 엄마들의 하소연입니다.

아이들이 폭력성을 나타내는 경우는 자신의 욕구가 좌절되었을 때입니다. 원하는 것을 얻지 못했을 때, 부모가 자신의 마음을 몰라줄 때, 친구에게 상처받았을 때 자신의 서운함을 분노로 표출하는 것입니다.

화가 나면 소리를 지르며 물건을 집어던지고, 부모를 화나게 하기 위해 일부로 물건을 망가뜨리고, 자기 뜻대로 되지 않으면 물건을 발로 찹니다. 그것으로도 성이 차지 않으면 친구나 동생을 물고 때리며, 자신의 의견을 거스르는 친구에게 욕을 하기도 합니다. 밑도 끝도 없는 아이들의 폭력 앞에서 엄마들은 "도대체 누굴 닮아 이렇게 폭력적인지 모르겠어요"라고 하소연합니다. 하지만 안타깝게도 아이들의 이런 모습은 부모한테서 비롯된 경우가 많습니다. 부부싸움이 잦거나 강압적이고 엄격한 부모 밑에서 자란 아이들은 자신의 감정을 폭력성이나 공격성으로 표출하곤 합니다.

만약 자신의 아이가 또래 아이들과 다르게 폭력적이거나 공격적인 모습을 보인다면 아이의 성격을 탓하기 전에 부모 자신의 모습을 돌아봐야 합니다. 부부가 대화할 때 소리를 지르지 않는지, 부부가 상대방을 무시하는 언행을 일삼지 않는지, 아이의 행동을 지나치게 통제하지 않는지 등을 살펴봐야 합니다. 다시 한 번 말하지만 아이의 공격성은 타고난 성격이 아니라 주변 환경에 절대적인 영향을 받습니다.

우리는 이제 아이의 공격성이 선천적인 유전적 요인이 아니라 후천적인 환경적 요인에서 비롯된다는 사실을 알았습니다. 그렇다면 아이가 갑자기 폭력성을 드러냈을 때의 대처 방법도 알아봐야겠지요.

만약 아이가 친구들과 놀이터에서 놀다가 문제를 일으키거나, 마트에서 원하는 장난감을 사주지 않는다고 엄마를 때린다면 서둘러 그 현장과 아이를 분리시켜야 합니다. 놀이터와 마트라는 '상황'에서 아이를 데리고 나와야 한다는 말입니다. 문제의 원인을 제공한 상황에 그대로 노출돼 있으면 아이는 더욱 흥분하고 분노를 제어할 수 없게 됩니다. 그러니 문제의 원인부터 차단하고, 조용하지만 단호한 목소리로 아이의 행동에서 잘못된 점을 지적해주어야 합니다.

가끔 아이의 폭력성을 폭력으로 다스리는 부모를 만나게 됩니다. 아이의 나쁜 습관을 바로잡겠다고 매를 드는 것은 "나는 너를 위하는 마음으로 매를 들지만, 너는 다른 사람에게 매를 들면 안 된다"라고 말하는 것과 같습니다. 아이들은 부모의 말과 행동에 일관성이 없는 것을 가장 싫어합니다. "친구에게 폭력을 써서는 안 돼"라고 말하면서 정작 자신은 아이를 때린다면 부모의 충고나 조언이 받아들여질 리가 없습니다. 폭력적인 아이에게 필요한 것은 호된 꾸중과 매가 아니라 사랑과 애정, 관심입니다.

폭력성과 공격성은 결코 성격이 아닌 '그릇된 행동'의 결과이므로, 아이의 행동을 올바르게 변화시킬 수 있는 부모의 사랑이 필요할 뿐입니다.

아이의 폭력성을 누그러뜨리고 싶다면 "문제 아이는 없다. 다만 문제 부모만 있을 뿐이다"라는 격언을 잊지 말아야 할 것입니다.

갑자기 방황하는 아이 :
다그치기보다 마음을 읽어주자

Q. 갑자기 학교에 가고 싶지 않다고 합니다

  아홉 살 남자아이입니다. 어느 날 아침 꾸물대며 이불 속에서 나오려 하지 않더니 언제부턴가 "학교에 가기 싫어요"라고 말하곤 합니다. 무작정 학교에 가지 않겠다며 떼를 쓰는 게 아니라 배가 아프다거나 토할 것 같다고 하며 몸의 이상을 호소해서 학교를 쉬게 했습니다. 이것이 잘못이었을까요? 며칠 후 또다시 감기에 걸린 것 같다고 하거나 머리가 아프다고 하며 학교에 가지 않겠다고 고집을 부렸습니다. 그렇게 핑계가 하나둘 늘어나더니 결국 학교 가는 날보다 집에 있는 날이 많아졌습니다. 이유를 물어도 그저 "학교에 가기 싫어요." "몸이 아파요"라고만 합니다. 갑작스러운 일이라 당황스럽기만 하고 어떻게 해야 할지 모르겠습니다.

부모들 대부분은 아이가 예상조차 못했던 일을 입 밖으로 꺼내면 당황할 수밖에 없습니다. 특히 학교와 관련된 일이라면 부모가 받는 충격은 상당히 큽니다. 세상의 모든 부모가 '내 아이는 그렇지 않다'라는 생각을 가지고 있기 때문입니다.

그러나 부모들 가운데 상당수가 아이의 학교 문제로 상담실을 찾아옵니다. 아이가 꾸물거리며 학교에 가지 않는다, 갈수록 등교시간이 늦어진다, 학교에 가는 것을 즐거워하지 않는다, 등교를 거부한다 등 상담실을 찾는 이유도 각양각색입니다.

제 입장에서는 차라리 이런 상황에서 상담실을 찾는 부모들이 반갑습니다. 등교 거부가 장기화되어 아이가 은둔형 외톨이가 된 다음에야 상담하러 오는 경우도 적지 않기 때문입니다.

아이가 등교 거부를 시작했을 무렵 아동정신과나 심리치료사, 심리상담사 등에게 상담받는 경우도 적지 않습니다. 그런데 이런 곳에서는 '아이가 쉬고 싶어 하니까 쉬도록 해주는 것이 좋을지도 모르겠다' '지금은 충전이 필요한 것 같다'라는 식으로 충고해주는 경우가 적지 않은 것 같습니다.

그러나 아이는 방전된 휴대전화가 아닙니다. 학교를 쉬는 동안 활기를 되찾고 학교에 가고 싶은 마음이 생길 거라는 근거는 어디에도 없습니다. 휴대전화라면 충전 시간이 적혀 있습니다. 그대로 충전하면 설명서에 적혀 있는 시간만큼은 사용할 수 있습니다.

하지만 아이는 다릅니다. 의사나 카운슬러의 안이한 위로는 엄마의 상심한 마음만 안심시킬 뿐 아이의 문제를 근본적으로 해결해주지 못합니다.

어쩌면 문제를 해결할 수 있는 중요한 타이밍을 놓쳐 아이를 은둔형 외톨이로 만들 수도 있습니다.

어느 날 갑자기 아이가 학교를 가지 않겠다고 합니다. 부모로 서는 상상조차 못했던 말일 것입니다. 아이가 이런 말을 꺼냈을 때 부모는 어떤 태도를 취하면 좋을까요? 상담 사례를 예로 들 어 구체적인 사고와 대처법에 대해 설명하도록 하겠습니다.

우선 아이가 "학교에 가고 싶지 않아요"라는 말을 꺼냈을 때 는 반드시 이유가 있다고 생각해야 합니다. 이때 '우리 아이가 학교에서 집단 따돌림을 당하고 있는 것은 아닐까?'라는 생각 에 부모가 불안해하는 것도 문제지만, 반대로 단지 게으름을 피 우는 것이라고 결론 지어서도 안 됩니다. 아이가 지금 호소하고 싶은 게 무엇인지 외면하는 부모가 의외로 많습니다. 냉정하고 이성적으로 아이가 왜 학교에 가고 싶어 하지 않는지 그 이유를 진지하게 생각해볼 필요가 있습니다. 구체적으로는 어떻게 하 면 좋을까요?

바로 결석한 아이가 집에서 어떻게 지내고 있는지를 살펴보 는 것부터 시작해야 합니다.

아이의 말보다 집에서 하는 행동에 주목해야 합니다

아이가 학교에 가고 싶지 않다고 호소해오는 경우 다음 세 가지를 중심으로 분석, 대처하는 방법이 있습니다. 첫 번째는 아이가 집에 있으면서 무언가 특별한 물건에 관심을 갖거나 어떤 활동을 많이 하는가 하는 것입니다.

예를 들어 아이가 결석한 날 온종일 텔레비전만 보고 있다고 해봅시다. 실제로 형제가 있는 경우 형과 번갈아 사용해야 했던 게임기를 독점하고 싶어 결석한 아이도 있었습니다. 이런 경우 아이에게 집은 오락실과 같은 상태가 된 것입니다. 자신이 하고 싶은 게임을 마음껏 할 수 있고, 보고 싶은 텔레비전을 그 누구의 간섭 없이 원하는 대로 볼 수 있기 때문에 등교를 거부한 것입니다.

과거 아이가 몸이 많이 아파서 결석했을 때가 있었을 것입니다. 그때 엄마가 잠시 외출해서 누구한테도 싫은 소리를 듣지 않고 게임기를 실컷 가지고 놀았던 경험이 아이에게 혼자 있는 즐거움, 마음껏 게임을 할 수 있는 즐거움을 맛보게 한 것입니다. 학교보다는 집에서 즐거운 경험이 더 많아 아이의 마음이 '집에서 놀고 싶어'라는 쪽으로 기울어져 있는 상태입니다.

이미 게임의 즐거움을 맛본 아이가 "엄마, 나 게임이 너무 하고 싶어서 학교에 가기 싫어"라고 말하면 "그러니? 그럼 학교에 가지 말고 실컷 게임이나 하렴"이라고 허락해줄 부모는 없습니다. 이런 사실을 너무도 잘 알고 있기에 아이는 선생님이 무섭다거나 배가 아프다는 이유를 들어 학교를 쉬려고 합니다.

이런 경우 중요한 것은 아이가 쉬고 싶다고 말할 때 아이가 집에서 어떻게 지내는지를 잘 살펴보는 것입니다. 다시 말해 아이가 호소하고 있는 이유에 휘둘리지 말고 객관적인 시각을 유지하는 게 중요합니다. 아이가 선생님이 무섭다고 호소하면 엄마는 '학교에서 무슨 일이 있나? 친구들에게 따돌림을 당하고 있나? 선생님이 서운하게 하나?'라는 생각으로 머릿속이 복잡해집니다.

"도대체 무슨 일이야? 너 학교에서 무슨 일이 있었던 거야? 안 되겠다. 지금 당장 담임선생님하고 통화해봐야겠다!"

이처럼 엄마가 감정적으로 대처하면 아이는 겁을 먹고, 자신의 속내를 드러내지 않게 됩니다. 따라서 냉정함을 잃지 말고 차분하게 "학교에서 무슨 일 있었니?"라고 물어본 뒤 아이가 몸이 아프다는 것 외에 별다른 이유를 대지 않으면 집에서 지내는 모습을 세심하게 관찰합니다.

두 번째는 집에서 지내는 동안 '특별히 주목을 많이 받고 있는가'를 살펴보는 것입니다. 사람은 누구나 주목받고 인정받고 싶어 합니다. 이는 인간의 가장 기본적인 욕구이자 성장 동력입니다. 아이들이 주목을 받고 싶어 하는 이유 역시 이와 다르지 않습니다. 다른 사람이 자신을 걱정해주기 바라고 신경 써주기를 바라는 것입니다. 단순히 칭찬받고 싶다, 인정받고 싶다는 것이 아닙니다. 어떤 아이들은 야단을 맞거나 싫은 소리를 듣는 것도 주목받았다고 생각합니다.

본론으로 돌아와서 일반적으로 등교하는 날의 아침 풍경을 떠올려봅니다. 책가방을 든 아이가 엄마에게 인사를 합니다.

"엄마, 학교 다녀오겠습니다."

"그래, 잘 다녀와."

어떻습니까? 인사를 주고받는 것으로 대화가 끝납니다. 그런데 아이가 학교에 가고 싶지 않다고 등교를 거부하면 상황은 달라집니다.

"엄마, 나 오늘 학교 가기 싫어."

"왜? 무슨 일 있어?"

"선생님이 무섭단 말이야."

"얘가 지금 무슨 소리를 하는 거야? 선생님이 왜 무서워. 너 괜히 학교 가기 싫으니까 선생님 핑계 대는 거지? 얼른 학교 갈 준비 안 해!"

"싫어! 안 가!"

"얘가 오늘 왜 이래? 왜 학교를 안 가겠다는 거니?"

"학교 가기 싫다니까!"

평소와 다르게 긴 대화가 이어집니다. 이것이 비록 엄마의 야단과 꾸중일지라도 말입니다. 앞서 말했듯 이런 대화 자체가 아이에게는 '좋은 일'인 셈입니다. 엄마에게 야단을 맞고 울더라도 긴 대화가 이어지고, 엄마의 관심을 끌고 있다면 아이에게는 '마음에 드는 결과'인 것입니다.

엄마가 전업주부인 경우 청소하고 빨래하는 엄마 곁을 온종일 맴도는 아이들이 있습니다. "가서 네 할 일이나 해"라고 말해도 아이는 엄마 곁을 떠날 줄 모릅니다. 혹시 마트에 가려고 잠시 외출 준비를 하면 배가 아파서 학교도 결석한 아이가 "나도 가도 돼요?"라며 따라나서려고 합니다. 엄마는 이상한 낌새를 눈치 챘지만 이내 "그럼 따라와"라며 아이가 원하는 대로 해줍니다. 카운슬러에게 "등교 거부를 하는 이유는 여러 가지 원인이 있지만, 아이의 마음이 복잡하다는 공통점이 있습니다. 아이와 함께하는 시간을 충분히 가져주세요. 아이가 어떤 행동을 하든지 수용하는 마음과 스킨십이 중요합니다"라는 말을 들었기 때문입니다.

평일에 마트에서 엄마와 쇼핑을 하거나 패밀리레스토랑에서 식사하는 부모와 아이를 보면 저를 비롯해 사람들 대부분은 "저 아이는 학교 갈 시간에 왜 여기 있는 거지? 오늘 개교기념일인가?"라고 중얼거릴 겁니다. 하지만 이런 모습이 자주 눈에 띈다면 '저 아이는 등교를 거부하고 있군. 그렇다고 엄마가 저렇게 아이를 놔둬도 되나'라고 생각하게 될 것입니다.

형제가 있는 가정에서는 엄마를 독차지할 수 있는 방법으로 등교 거부를 선택하는 아이도 있습니다. 결석하면 엄마랑 충분히 시간을 보낼 수 있다고 생각하는 것입니다. 엄마에게 주목받고 싶어 등교 거부하는 아이를 그대로 받아들이면 어느 틈엔가 '형제 전원 등교 거부'라는 결과를 초래하게 될 것입니다.

이 경우에도 첫 번째 경우의 '물건이나 활동'처럼 아이가 학교에 가지 않으려는 이유를 뭐라고 말했는가는 별로 중요하지 않습니다. 간혹 "그럼에도 아이가 말하는 것은 중요하다. 아이의 말에 귀를 기울여라"고 조언하는 카운슬러가 있는데, 이는 아이에게 휘둘리게 되는 지름길입니다.

다시 한 번 말하지만 어떤 이유에서든 아이가 학교에 결석했을 경우 집에서 지내는 모습을 잘 관찰하여 학교에 가지 않으려는 이유를 반드시 찾아내야 합니다.

아이가 '피하고 싶어 하는 것'이 무엇인지 생각해봅니다

세 번째는 싫은 것에서 도망치고 싶어 하는 게 아닌지 살펴보는 것입니다. 의외로 많은 아이가 '도피' 또는 '회피'의 방법으로 등교 거부를 선택합니다.

이런 경우 억지로 학교에 데려가려고 하면 아이는 현관에 서서 꼼짝도 하지 않거나, 학교에 가까워지면 극도로 불안한 모습을 보입니다. 엄마가 억지로 아이를 학교에 데려갔는데, 교문 안으로 들어가지 않으려고 발버둥치는 경우도 있습니다. 부모들의 걱정처럼 집단 따돌림을 당했을 수도 있고, 아이가 부담스러운 발표를 맡았을지도 모릅니다. 이때도 반드시 아이의 행동을 냉정하게 관찰해야 합니다.

물론 그중에는 '학교 가는 것을 겁내는 연기'를 하고 있는 아이도 있습니다. '물건이나 활동' 또는 '주목'이 동기임에도 이를 감추기 위하여 학교 가기가 겁나는 것처럼 연출하기도 합니다. 따라서 단순히 아이의 행동만으로 결석의 이유를 알아내는 것은 어려운 일입니다. 하지만 도피나 회피가 주된 목적인 경우, 실제로 결석을 하면 진짜 이유를 알아내는 일은 그리 어렵지 않습니다.

"알았어. 그럼 오늘은 학교 가지 마. 하지만 텔레비전이나 게임이나 만화 보기 등 학교에서 할 수 없는 일은 집에서도 허락할 수 없어. 학교에 가지 않는 대신 방에서 혼자 공부해. 그렇게 하겠다면 학교에 가지 않아도 돼."

"정말?"

"엄마 옆에 있는 것도 3시까지는 안 돼. 네 방에 있어. 문을 열어둔 채로 말이야."

이렇게 말했을 때 아이가 그대로 따른다면 도피나 회피의 수단으로 결석을 선택했을 가능성이 높습니다. 만약 아이가 선생님이 무섭다거나 친구들에게 따돌림을 당했다고 호소한다면 단순한 핑계가 아닐 가능성이 높습니다. 그렇다면 곧바로 학교에

찾아가 선생님과 이야기를 나누어야 합니다.

"엄마가 학교에 나타나면 아이들이 나를 놀릴 거야. 더 심하게 따돌림을 당한다고!"라고 아이가 애원하더라도 마음이 약해져서는 안 됩니다. 집단 따돌림은 아이 혼자서 해결할 수 있는 문제가 아니며, 부모가 방치하면 아이는 더욱 외로워집니다. 자꾸 등교를 거부하는 아이를 보며 "그래도 학교에 가! 학교에 가서 친구들과 해결해야지!"라고 자신도 모르게 아이를 사지로 몰아넣는 경우도 적지 않습니다. 이때는 문제 해결을 위해 부모가 나서야 합니다.

‘큰일’에서야말로 ‘아이가 최우선’입니다

지금까지 말한 세 가지 동기가 개별적으로 나타나는 경우도 있지만 대부분은 복합적으로 얽히고설킨 경우가 많습니다. 단지 집에서 게임을 하고 싶기 때문에, 단지 엄마가 주목해주길 원하기 때문에 아이가 학교에 가지 않았다고 단순하게 설명할 수 없습니다. 어쩌면 학교에서 집단 따돌림을 당하고 있지는 않지만, 반 친구들과 약간의 문제가 있어서 등교를 거부했을 수도 있으니까요.

학교에 가지 않겠다고 고집을 부리는 아이의 행동에 당황하지 않을 부모는 없습니다. 이런 상황에서 냉정하고 이성적으로 아이와 이야기를 나누기란 말처럼 쉽지 않습니다. 하지만 아이가 등교를 거부한다는 사실에 흥분해서 아이의 행동을 관찰하지 않고 배가 아프다거나 머리가 아프다는 아이의 말에만 집중하면 아이가 학교에 가기 싫어하는 진짜 이유를 알아낼 수 없습니다. 어쨌든 아이의 행동을 제대로 잘 살핀 다음 ‘진짜 이유’가 짐작되면 그에 따라 적절하게 대처하는 게 좋습니다.

만약 ‘물건이나 활동’이 등교 거부의 동기라면 “네가 신발 정리를 했으니까 오늘은 한 시간 게임하고 잠자리 들기 30분 전에 만화책 한 권을 읽어도 좋아”라고 포상을 제시합니다. 단순히 ‘주목받는’ 게 동기라면 “이번 주에 결석하거나 지각하지 않으면 패밀리레스토랑에 갈게. 하지만 네가 지각이나 결석을 한다면 엄마랑 즐거운 데이트는 포기해야 할 거야. 자, 선택은 너의 몫이야"라고 말합니다.

이번 상담 사례의 경우에는 '도피나 회피'일 가능성이 높습니다. 아이가 매우 민감한 상태에 있으므로 이런 경우 신중하게 접근해야 합니다. 섣부르게 다가섰다가는 아이의 마음을 닫는 결과를 초래할 수도 있습니다. 한번 마음이 닫힌 아이는 '이 세상에 내 마음을 알아주는 사람은 단 한 명도 없어'라고 생각하기 때문에 아이가 상처 입지 않도록 접근하는 게 최우선입니다.

물건이나 활동, 주목받기, 도피나 회피 등 무엇이 그 원인이든 간에 아이가 학교를 가지 않았다면 그날 하루는 오롯이 아이와 함께 시간을 보내야 합니다. 엄마뿐 아니라 아빠도 "네가 학교에 갈 수 없을 정도로 아프다고 하니 아빠가 옆에 있어줄게. 아빠는 회사 일보다 네가 더 중요해"라고 말한 뒤 옆에 있어줘야 합니다. 아무리 중요한 회의가 있어도 아이를 최우선적으로 생각해야 합니다. 특히 아이의 등교 거부는 초기 대응이 매우 중요합니다. 따라서 '네가 학교에 갈 수 없는 이유가 있다면 지금 당장 해결해야 해' '너를 이대로 두고 회사에 갈 수 없어'라는 자세로 상황에 집중해야 합니다.

그런데 어떤 가정에서는 "아무리 그래도 학교는 가야지. 여보, 애 학교 보내. 나 출근해"라는 말만 남기고 아빠가 사라지더니 이내 "많이 아파? 그럼 쉬어야지. 엄마도 출근해야 하니까 약통에서 약 꺼내 먹고, 밥 잘 챙겨먹어. 한잠 푹 자고 나면 괜찮아질 거야. 미안, 엄마 간다"라고 말한 뒤 엄마 역시 출근해버립니다. 이는 아이를 위험 지역에 그대로 방치하는 대단히 위험한 대처법입니다.

혹시 아이가 "아빠도 엄마도 회사에 가도 돼. 나 혼자 있을 수 있어"라고 말해도 절대 이 말에 따라서는 안 됩니다. 맞벌이 부부인 경우 타협점으로 "그럼 할머니를 오시라고 하자"라며 조부모에게 아이를 부탁하는 경우가 있는데, 이 역시 적절한 방법은 아닙니다. 회사에 결근하면 불이익을 당하거나 문제가 생길지라도 일을 최우선으로 하는 부모가 일을 포기하고 아이를 선택해야만 의미 있는 결과를 끌어낼 수 있습니다.

'너를 정말 소중하게 생각하고 있어' '네가 어떤 문제를 가지고 있는지 엄마는 알고 싶어' '네가 겪는 어려움을 해결할 준비가 되어 있어' '우리는 어떤 상황에서도 너를 응원할 거야'라는 메시지가 아이에게 전달되어야만 아이도 마음속 깊이 숨겨왔던 진심을 터놓게 됩니다. 하지만 부모가 입으로는 '너와 관련된 모든 일을 정말 중요하게 생각하고 있어'라고 말하면서도 회사를 쉴 수 없으니 혼자 집에 있으라고 한다면 아이는 쉽사리 속내를 꺼내놓지 않을 것입니다.

아이들은 바보가 아닙니다. 부모가 말로만 자신을 위하는 척하는지, 진심으로 자신의 일을 걱정하는지 잘 알고 있습니다. 부모가 입으로만 "네가 너무 걱정돼"라고 말하면 아이 역시 입으로만 "괜찮아요"라고 대답할 것입니다. 이처럼 대화가 겉돌기 시작하면 문제는 걷잡을 수 없이 커집니다. 호미로 막을 것을 가래로 막아야 하겠습니까. 회사를 하루 결근하면 당장은 불이익을 당하겠지만 그것이 내 아이의 미래보다 중요하지는 않을 것입니다.

"우리는 항상 네 이야기를 들을 준비가 되어 있단다"

부모든 아이든 이러한 위기를 겪지 않는 게 가장 좋습니다. 하지만 사람의 일이라는 게 마음대로 되지 않습니다. 자식의 일은 더욱 그렇습니다. 아무리 가정에서 잘 돌봐준다고 해도 유치원이나 학교 등에서 또래와 생활하게 되면 크고 작은 문제가 일어납니다. 이때 가르치려 들지 말고 들어주는 모습을 보여야 합니다. 어린 시절부터 자신의 이야기를 잘 들어주는 부모 아래서 성장한 아이들은 학교에 들어가서도 큰 어려움을 겪지 않습니다. 크고 작은 문제가 생길 때마다 부모라는 현명한 조력자의 조언에 따라 이를 해결할 수 있으리라고 생각하기 때문입니다. 하지만 어린 시절부터 야단치고 꾸중하는 부모 밑에서 자란 아이는 작은 시련 앞에서도 좌절하고 아파합니다. 주변에 자신을 도와줄 사람이 아무도 없기 때문에 자기 방으로 자꾸 숨으려고 합니다. 문제를 해결하는 아이와 문제에서 도망치는 아이는 기질이나 성향 탓이라기보다 부모의 양육 태도가 만들어낸 결과물이라고 보는 게 맞습니다.

세상을 살다 보면 누구나 뜻하지 않은 일과 부딪히게 됩니다. 예고 없는 교통사고나 지진 등은 피할 수 없겠지만 교통 법규를 지키고, 불조심을 하는 등 어느 정도 방재가 가능합니다. 육아 역시 마찬가지입니다. 육아에서 '아이의 말 들어주기'는 재해를 미연에 방지하는 역할을 합니다. 태풍이 오기 전 파도에 배가 휩쓸려가지 않도록 선박을 단단한 줄로 묶어놓고 방파제에 모래주머니를 쌓아 피해를 최소화하는 것과 같습니다. 평소 아이의 말을 잘 들어주었다면 아무리 큰 태풍이 와도 별다른 피해 없이 지나갈 수 있습니다.

아이가 어릴 때부터, 특히 유치원에 입학할 무렵에는 "혹시 네가 유치원에 갈 수 없을 정도로 힘든 일이 있다면 언제든 엄마에게 말해줘야 해. 엄마는 네 이야기라면 무엇이든 들을 준비가 되어 있단다"라는 이야기를 습관처럼 해야 합니다. "그럴 때는 아빠, 엄마 모두 회사에 가지 않고 네 이야기를 들어줄 거야"라고 말해두는 것입니다.

누구든지 매사가 원만하게 진행되고 있을 때는 최악의 날을 생각하지 않습니다. 하지만 역사적으로 봐도 영원한 태평성대는 없습니다. 태평성대 뒤에는 반드시 전쟁이나 기근 등 예상치 못한 위기가 도래하기 마련입니다. 우리 삶도 마찬가지입니다.

지금 건강하다고 해서 평생 건강할 수는 없습니다. 언젠가 아플 것에 대비해 건강보험에 들고, 앞으로 어떤 위험한 상황에 처할지 몰라 화재보험에 들어 '만약'의 사태에 대비하는 것입니다. 다시 한 번 말하지만 육아에서 '아이 말 들어주기'는 방재나 보험처럼 '혹시 일어날지도 모를 일에 대한 준비'입니다.

평소에 "무슨 고민이나 문제가 있으면 언제든 이야기해. 엄마와 아빠는 네 이야기에 항상 관심이 많단다" 또는 "오늘은 유치원에서 친구들하고 뭐했어? 엄마한테 해줄 이야기 없어?"라고 자주 물어보는 것이 바로 보험입니다. 아이가 괴로움을 호소할 때 "왜 그래? 무슨 일이야? 엄마한테 말해봐!"라고 이야기하면 이미 늦습니다. 평소 아이의 이야기에 귀를 기울이는 보험을 들어놨다면, 아이가 위기에 빠졌을 때 빠르게 해결할 수 있는 열쇠를 맞춰놓은 것입니다.

아이의 이야기를 들을 준비가 되어 있다는 메시지를 한두 번 전하는 것만으로는 충분하지 않습니다. 아이가 어렸을 때부터 기회가 있을 때마다 반복적으로 이야기해서 '엄마, 아빠는 나의 어떤 이야기도 들을 준비가 되어 있어'라는 메시지를 내면 깊숙이 스며들도록 해야 합니다.

아이가 어렸을 때부터 이런 대화를 나누었다면 초등학교에 입학한 아이가 학교에 가기 싫다고 하며 등교 거부를 할 확률은 낮아집니다. 평소 부모와 허물 없이 대화를 나눈 아이는 숨겨둔 고민이 없기 때문입니다.

바쁘고 귀찮다는 이유로 "엄마 지금 바쁘니까 나중에 이야기하자"라든가 "괜히 학교에 가기 싫으니까 투정 부리는 것 아니야? 학생이 학교를 가지 않으면 어떻게 하겠다는 거야? 말이 되는 소리를 해야지!" "세상에 쉬운 일이 있는 줄 알아? 다른 애들도 다 그래. 그래도 참고 가는 거야"라고 대화를 단절한다면 아이는 입을 다물어버리고 맙니다. 더는 말이 통하지 않는다는 사실을 알고 침묵을 선택하는 것입니다.

궁금한 게 많은 만큼 말도 많아지는 게 아이들입니다. 부모들은 말도 안 되는 질문을 쏟아내는 아이들과의 대화가 지루하거나 짜증스러운 것이 당연합니다. 그렇다고 "시끄러우니까 입 좀 다물어!" "얘는 왜 말도 안 되는 소리만 하는 거야?"라며 부모가 먼저 대화를 단절하는 실수를 저지르지 말아야 합니다. 언제든 귀를 열고 마음을 열고 아이의 이야기를 들어줄 준비가 되어 있는 부모만이 아이를 올바르게 성장시킬 수 있습니다.

닫힌 마음을 열어주는 대화법

요즘은 뉴스 보기가 겁날 지경입니다. 학교에서 집단 따돌림, 왕따를 당하다가 극단적인 선택을 하는 아이들의 소식이 적지 않게 들리기 때문입니다. 왕따는 집단 따돌림의 또 다른 이름입니다. 집단 따돌림은 학교나 사회에서 무리지어 특정한 사람을 소외시키고, 인격적으로 무시하거나 신체적 폭력을 가하는 모든 행위를 말합니다. 한마디로 또래 친구끼리 몰려다니며 싫어하는 친구를 인격적으로 무시하고 상처를 주는 것이지요. 요즘 아이들은 학기가 바뀔 때마다 "왕따를 당하지 않게 해달라"고 기도한다고 하니 심각한 문제가 아닐 수 없습니다.

어른들은 "그래 봤자 애들인데…"라고 말하지만, 집단 따돌림은 무엇을 상상하든 그 이상으로 심각한 지경에 와 있습니다.

집단 따돌림을 하는 이유를 보면 잘난 척하는 아이, 똑똑한 척하는 아이, 내숭 떠는 아이, 선생님이나 부모에게 고자질하는 아이, 뚱뚱한 아이, 말을 더듬는 아이 등 그 이유도 다양합니다. 한마디로 자신의 마음에 들지 않으면 왕따를 시키는 것입니다.

문제는 피해자인 학생들이 보호받을 곳이 없다는 것입니다. 따돌리는 형태와 수법이 매우 지능적이고 보이지 않는 곳에서 이루어지므로 어른들이 쉽게 챌 수 없기 때문입니다.

어느 날 갑자기 아이가 등교를 거부한다면 집단 따돌림을 의심해봐야 합니다. '설마, 내 아이가…'라는 생각을 버리고 '우리 아이도 그런 일을 당할 수 있어'라고 받아들인 뒤 잘 살펴봐야 합니다. 물론 이런 상황에서 마음 편할 부모는 없습니다. 하지만 학교에 가지 않겠다고 말한 아이의 마음은 더욱 불안할 것입니다. 이런 상황에서는 엄마의 불안보다 아이의 불안함을 달래주는 게 우선입니다. "오늘은 학교 안 갈래요"라는 말이 자신을 도와달라는 SOS 신호일 수 있기 때문입니다.

물론 단순히 몸이 아프거나 학교에 가기 싫어 등교를 거부할 수도 있습니다. 하지만 아이가 밤에 땀을 흘리며 악몽을 꾸거나, 머리와 배가 아프다고 호소하면 상황은 달라집니다. 말수가 줄어들고 식욕도 잃고 자기 방에 들어가 나오지 않으려고 한다면 적극적인 대응에 나서야 합니다.

이런 상황을 미연에 방지하려면 평소 아이와 대화를 충분히 나누어야 합니다. 아이가 작은 문제일지라도 부모에게 고민을 터놓고 의논할 수 있을 만큼 격의 없는 대화 파트너가 되어야 합니다. 상담실을 찾는 부모들에게 "요즘 아이들과 얼마나 대화를 나눕니까?"라고 물어보면 대부분 쉽게 대답하지 못합니다. "오늘 아침 아이에게 어떤 말들을 건네셨나요?"라고 물어보면 "일어나, 지각이야" "밥 먹어" "잘 다녀와" "오늘 엄마 늦어"가 전부라고 대답합니다. 평소 이처럼 대화가 부족하면 아이가 어떤 고민을 하고 있는지 절대 알 수 없습니다. 아이들도 부모와 의논하고 싶어도 어떻게 말을 꺼내야 할지 몰라 고민하다가 문제 해결의 시기를 놓치는 경우가 많습니다.

아이와 어떻게 대화를 나눠야 할지 막막하다면, 우선 아이의 행동을 유심히 관찰한 후 질문으로 대화를 시작하는 게 좋습니다.

"유치원에서 간식으로 뭐 먹었어?" "저녁 메뉴는 뭐가 좋을까. ○○이는 뭐가 먹고 싶어?" 등으로 질문을 유도해 아이의 대답을 기다리는 것입니다. 이렇게 시작된 대화의 끝에는 언제나 '네가 무엇을 하든 너를 지지하고 응원할 거야'라는 메시지를 전달해주어야 합니다. 아이들이 인생을 살면서 맞게 되는 크고 작은 문제 앞에서 해결사이자 조언자로 부모를 가장 먼저 떠올리도록 믿음을 심어주어야 합니다. 아이가 부모를 '내 편'이라고 생각하는 순간 해결하지 못할 문제는 없습니다.

분노와 잔소리, 훈계를 버린다면…

저는 '응용행동분석학' 전문가입니다. 하지만 이 책에서는 최대한 전문 용어를 쓰지 않고 부모들이 일상에서 적용하기 쉽도록 알기 쉬운 단어로 설명하고자 노력했습니다. 불특정 다수를 대상으로 하는 텔레비전 프로그램에 출연했을 때나 특정 대상의 특별 강연처럼 전문용어를 사용하지 않고 제 생각을 전달하고자 했습니다. 하지만 제 뜻이 제대로 전달되었는지는 잘 모르겠습니다.

이 책을 읽는 동안 어떤 생각이 들었습니까? 훈육은 어렵고 힘든 주제지만 그래도 우리가 생각했던 것보다 아이를 칭찬할 기회가 아주 많다는 것을 깨닫지 않았나요? 군이 질책하고 꾸중하고 야단치지 않아도 아이의 행동이 바람직한 방향으로 바뀌어 나갈 수 있으리라는 사실을 깨달았을 거라고 생각합니다.

지금까지와 달리 자발적으로 변하는 아이의 모습을 보면 조금씩 육아에 자신감이 붙지 않습니까? 이런 체험을 한 번이라도 경험한 것과 그렇지 못한 것은 엄청난 차이가 납니다.

이 책을 끝까지 읽은 부모라면 이전보다 아이를 더 잘 살피고

관찰하게 되었을 것입니다. 또한 마음의 여유도 생겼을 것입니다. 눈앞의 일로 불안해하고 안절부절못하는 일이 줄어들었다면 저자로서 더 바랄 것이 없습니다.

엄마 자신은 눈치 채지 못했겠지만 아이는 이런 엄마의 변화를 민감하게 알아채고 있습니다.

짜증과 잔소리만 가득하던 엄마가 웃는 얼굴로 "아, 좋아!" "너무 잘하고 있어"라고 긍정적으로 말하면 아이도 자연히 즐거워집니다. "싫어!" "안 해!" "몰라!"라는 말을 입에 달고 살던 아이가 언제 그랬냐는 듯 무엇이든 해보려는 의욕이 넘칠 것입니다.

이런 아이의 모습을 보고 있자면 엄마의 얼굴에 더 큰 미소가 번질 것입니다. 짜증과 잔소리, 아이의 울음으로 악순환이 반복됐던 육아에 선순환이 찾아올 것입니다.

부모는 변하지 않으면서 아이만 바뀌길 기대하는 것은 그야말로 양심 없는 생각입니다. 분노와 잔소리, 훈계를 버려야 합니다. 대신에 그 자리를 사랑과 관심, 포용으로 채워야 합니다. 먼저 부모의 생각이 변해야 아이의 행동이 바뀝니다.

아무 때나 고집을 피우고, 마음에 들지 않으면 아무 데서나 울고 떼쓰고 거짓말하는 아이를 상대하기란 말처럼 쉬운 일이 아닙니다.

그저 '바르고 착한 아이' '말 잘 듣는 아이'를 바랄 뿐인데, 엄마의 이런 마음을 몰라주는 아이가 야속할 때도 있을 겁니다. 무엇보다 잘못된 행동이 습관으로 이어져 고쳐지지 않으면 부모로서 걱정스러울 수밖에 없습니다.

아이들의 잘못된 행동은 커다란 나무 한 그루의 가지 끝에서 바람에 흔들리고 있는 나뭇잎과 같습니다. 이 이야기를 들으면 '겨우 나뭇잎 한 장이야'라고 생각할지도 모릅니다. 그렇다면 나뭇잎의 역할을 생각해보기 바랍니다. 건강한 나뭇잎은 햇볕을 통해 광합성을 하면서 나무가 살아갈 수 있는 에너지를 만들어냅니다. 건강한 나뭇잎이 많아야 건강한 나무로 성장할 수 있습니다. 병든 나뭇잎이 많아지면 어떻게 되겠습니까? 우리 아이들도 마찬가지입니다.

당신은 이미 좋은 부모입니다

이 책의 상담 사례들은 모두 제가 직접 경험한 것입니다. 단순히 상담 내용을 쓰면 사례 연구처럼 되어버릴 수 있어 우리 주변에서 흔히 겪는 육아 고민들을 중심으로 사례를 골랐습니다. 세상 모든 일이 그렇듯 육아도 문제를 해결하는 방법은 하나가 아닙니다. 주변 상황과 아이의 성향에 따라 여러 가지 방법이 나올 수 있습니다.

"□+□=10입니다. 문제의 답이 10이 될 수 있도록 □안의 숫자를 자유롭게 채우시오"라는 형식, 즉 오픈 마인드로 생각할 수 있는 질문과 답변인 것입니다. 5+5=10이 될 수도 있고 8+2=10이 될 수도 있습니다. 이 책에 나온 내용은 어느 아이에게나 적용되는 정확한 답이 아닙니다. 그러므로 '아, 이런 방법도 있었구나' '확실히 이건 우리 아이에게 필요할지도 몰라'라는 오픈 마인드로 읽어주길 바랍니다.

당신이 부모로부터 좋은 면을 보지 못해 부모 노릇을 어떻게 해야 하는지 모른다면 그 방법을 배워야 합니다. 변화를 위한 노력을 기울인다면 그것이 바로 좋은 부모가 되는 지름길입니다. 좋은 부모가 되고자 노력하는 당신은 이미 좋은 부모로 변하고 있습니다.

즉각적 훈육

초판 1쇄 발행 | 2017년 5월 22일

지은이 | 오쿠다 켄지
옮긴이 | 정연숙
펴낸곳 | 주식회사 시그니처
출판등록 | 제2016-000180호
주소 | 서울시 마포구 큰우물로 75 1308호(도화동, 성지빌딩)
전화 | (02)701-1700
팩스 | (02)701-9080
전자우편 | signature2016@naver.com

ISBN 979-11-958839-4-3 03370

ⓒ오쿠다 켄지, 2017

값 15,000원